AF747717

www.ingramcontent.com/pod-product-compliance
Lightning Source LLC
LaVergne TN
LVHW050852051026
849532LV00006BA/2218

* 9 7 8 8 1 1 9 0 2 2 4 3 4 *

گیت گاتا چل

(جذباتی فلمی نغمے / حصہ:۱)

(۱۹۵۰ء، ۶۰ء اور ۱۹۷۰ء کی دہائی کے)

مرتبہ:

مکرم نیاز

Geet gaata chal : Emotional film songs

by: Mukarram Niyaz

Edition: July '2025

Publisher :

Taemeer Publications LLC (Michigan, USA / Hyderabad, India)

ISBN 978-81-19022-43-4

کتاب	:	**گیت گاتا چل** (جذباتی فلمی نغمے)
مرتب	:	**مکرم نیاز**
صنف	:	شاعری
ناشر	:	تعمیر پبلی کیشنز (حیدرآباد، انڈیا)
سالِ اشاعت	:	۲۰۲۵ء
صفحات	:	۲۲۲
سرورق ڈیزائن	:	تعمیر ویب ڈیزائن

تعارف

بالی ووڈ سینما کی ایک انفرادیت اس کے نغمے، گیت اور موسیقی بھی ہیں۔ مغل اعظم، پاکیزہ اور امراؤ جان سے لے کر 'دل تو پاگل ہے' تک کی فلموں نے اردو شاعری کا لوہا منوایا ہے۔ ۱۹۶۰ کی دہائی کے جوبلی کمار (راجندر کمار) اپنی اداکاری سے زیادہ اپنی فلموں کے گانوں کے سہارے مقبول ہوئے اسی طرح ۷۰ کی دہائی کے سپراسٹار راجیش کھنہ بھی!

ان مشہور و مقبول فلمی نغموں کے آڈیو / ویڈیو آج سائبر دنیا میں جہاں دستیاب ہیں وہیں بصورت تحریر دیوناگری اور رومن رسم الخط میں مختلف ویب سائٹس پر بھی موجود ہیں۔ اردو رسم خط میں اس کمی کا خیال کرتے ہوئے، 'تعمیر نیوز' کی جانب سے بالی ووڈ فلمی نغموں کے لیے ایک بلاگ مختص کیا گیا جہاں تقریباً ۷۰۰ سے زائد نغموں کو اردو نستعلیق تحریر کی شکل میں پیش کرنے کی سعی کی گئی۔ انہی نغموں کو کتابی شکل میں بھی 'تعمیر پبلی کیشنز' کی جانب سے پیش کیا جا رہا ہے۔

مکرم نیاز

۳۰/جولائی ۲۰۲۵ء ، حیدرآباد، تلنگانہ، انڈیا۔

فہرست

۱۹۵۰ - گانا نمبر : ۰۱

نغمہ : چھپ گیا کوئی رے دور سے پکار کے

فلم : چمپا کلی (۱۹۵۷ء)

نغمہ نگار : راجندر کرشن

گلوکار : لتا منگیشکر

موسیقار : ہیمنت کمار

اداکار : بھارت بھوشن، سچترا سین

چھپ گیا کوئی رے دور سے پکار کے
درد انوکھے ہائے دے گیا پیار کے
آج ہے سونی سونی دل کی یہ گلیاں
بن گئیں کانٹے میری خوشیوں کی کلیاں
پیار بھی کھویا میں نے سب کچھ ہار کے
انکھیوں سے نیند گئی، منوا سے چین رے
چھپ چھپ روئے میرے، کھوئے کھوئے نین رے
ہائے یہی تو میرے دن تھے سنگھار کے

***

گانا نمبر : ۰۲

نغمہ : دولت کے جھوٹے نشہ میں ہو چور

فلم : اونچی حویلی (۱۹۵۵ء)

نغمہ نگار : بھارت ویاس

گلوکار : محمد رفیع

موسیقار : پنڈت شیورام

اداکار : نروپا رائے، کرن دیوان، للیتا پوار

دولت کے جھوٹے نشہ میں ہو چور
غریبوں کی دنیا سے رہتے ہو دور
اجی ایک دن ایسا آئے گا
جب ماٹی میں سب مل جائے گا
ماٹی ہی اوڑھن ماٹی بچھاون
ماٹی کا تن بن جائے گا
ماٹی میں سب مل جائے گا
اونچے آسمان سے بھی اونچی تیری آس ہے
پر کبھی سوچا نہیں گنتی کی تیری سانس ہے
اس کا تو حساب کر انگوٹھا انگلیوں پہ دھر

کتنی خرچ کر رہا بھلائی میں
کتنی تو لگا رہا برائی میں
بھلائی کا پھل رہ جائے گا
باقی ماٹی میں سب مل جائے گا
ماٹی ہی اوڑھن ماٹی بچھاون
ماٹی کا تن بن جائے گا
ماٹی میں سب مل جائے گا
اونچی حویلی یہ اونچے محل
پل بھر میں جائیں گے پگلے بدل
لے تو کسی کی دعاؤں کا پھل
بدی سے تو ٹل اور نیکی پہ چل
جیسا بوئے گا ویسا پائے گا
باقی ماٹی میں سب مل جائے گا

***

گانا نمبر : ۰۳

نغمہ : میں عاشق ہوں بہاروں کا

فلم : بیجو باورا (۱۹۵۲ء)

نغمہ نگار : شکیل بدایونی

گلوکار : محمد رفیع

موسیقار : نوشاد

اداکار : مینا کماری، بھارت بھوشن

نردھن کا گھر لوٹنے والو، لوٹ لو دل کا پیار
پیار وہ دھن ہے جس کے آگے سب دھن ہے بیکار
انسان بنو، انسان بنو، کر لو بھلائی کا کوئی کام
دنیا سے چلے جاؤ گے، رہ جائے گا بس نام
جس باغ میں سورج بھی نکلتا ہے لیے غم
پھولوں کی ہنسی دیکھ کے رو دیتی ہے شبنم
کچھ دیر کی خوشیاں ہیں، تو کچھ دیر کا ماتم
کس نیند میں ہو جاگو، ذرا سوچ لو انجام
لاکھوں یہاں شان اپنی دکھاتے ہوئے آئے
دم بھر کے لیے ناچ گئے دھوپ میں سائے

وہ بھول گئے تھے کہ یہ دنیا ہے سرائے
آتا ہے کوئی صبح، تو جاتا ہے کوئی شام
کیوں تم نے لگائے ہیں یہاں ظلم کے ڈھیرے
دھن ساتھ نہ جائے گا، بنے کیوں ہو لٹیرے
پیتے ہو غریبوں کا لہو شام سویرے
خود پاپ کرو، نام ہو شیطان کا بدنام

***

گانا نمبر : ۰۴

نغمہ : انصاف کا مندر ہے یہ بھگوان کا گھر ہے

فلم : امر (۱۹۵۴ء)

نغمہ نگار : شکیل بدایونی

گلوکار : محمد رفیع

موسیقار : نوشاد

اداکار : دلیپ کمار، مدھو بالا، نمی

انصاف کا مندر ہے یہ بھگوان کا گھر ہے
کہنا ہے جو کہہ دے تجھے کس بات کا ڈر ہے
ہے کھوٹ تیرے من میں جو بھگوان سے دور ہے
ہے پاؤں تیرے پھر بھی تو آنے سے ہے مجبور
ہمت ہے تو آ جا یہ بھلائی کی ڈگر ہے
دکھ دے کے جو دکھیا سے نہ انصاف کرے گا
بھگوان بھی اس کو نہ کبھی معاف کرے گا
یہ سوچ لے ہر بات کی داتا کو خبر ہے
ہمت ہے تو آ جا یہ بھلائی کی ڈگر ہے
ہے پاس تیرے جس کی امانت اسے دے دے

نردھن بھی ہے انسان محبت اسے دے دے
جس در پہ سبھی ایک ہیں بندے یہ وہ در ہے
مایوس نہ ہو ہار کے تقدیر کی بازی
پیارا ہے وہ غم جس میں ہو بھگوان بھی راضی
دکھ درد ملے جس میں وہی پیار امر ہے
یہ سوچ لے ہر بات کی داتا کو خبر ہے

***

گانا نمبر : ۰۵

نغمہ : منزل کی چاہ میں ، راہی کے واسطے

فلم : دیوداس (۱۹۵۵ء)

نغمہ نگار : ساحر لدھیانوی

گلوکار : محمد رفیع

موسیقار : ایس ڈی برمن

اداکار : دلیپ کمار، سچترا سین، وجینتی مالا

راہی او راہی
منزل کی چاہ میں
راہی کے واسطے
سکھ کے بھی راستے
دکھ کے بھی راستے
کہیں گھنی چھاؤں ہے
کہیں کڑی دھوپ ہے
یہ بھی ایک روپ ہے
وہ بھی ایک روپ ہے
کئی یہاں کھوئیں گے

کئی یہاں پائیں گے
کئی ابھی جائیں گے
کئی ابھی آئیں گے
منزل کی چاہ میں
راہی کے واسطے
سکھ کے بھی راستے
دکھ کے بھی راستے

***

گانا نمبر : ۰۶

نغمہ : ایک رات میں دو دو چاند کھلے

فلم : برکھا (۱۹۵۹ء)

نغمہ نگار : راجندر کرشن

گلوکار : لتا، مکیش

موسیقار : چترگپت

اداکار : جگدیپ، نندہ

ایک رات میں دو دو چاند کھلے
ایک گھونگھٹ میں ایک بدلی میں
اپنی اپنی منزل سے ملے
ایک گھونگھٹ میں ایک بدلی میں
بدلی کا وہ چاند تو سب کا ہے
گھونگھٹ کا یہ چاند تو اپنا ہے
مجھے چاند سمجھنے والے بتا
یہ رات ہے یا کوئی سپنا ہے
معلوم نہیں دو انجانے
راہی کیسے مل جاتے ہے

پھولوں کو اگر کھلنا ہیں تو وہ
ویرانوں میں بھی کھل جاتے ہیں

***

گانا نمبر: ۰۷

نغمہ : ہم بے خودی میں تم کو پکارے چلے گئے

فلم : کالا پانی (۱۹۵۸ء)

نغمہ نگار : مجروح سلطان پوری

گلوکار : محمد رفیع

موسیقار : ایس ڈی برمن

اداکار : دیو آنند، نلنی جیونت

ہم بے خودی میں تم کو پکارے چلے گئے
ساگر میں زندگی کو اتارے چلے گئے
دیکھا کیے تمہیں ہم بن کے دیوانہ
اترا جو نشہ تو ہم نے یہ جانا
سارے وہ زندگی کے سہارے چلے گئے
تم تو نہ کہو ہم خود ہی سے کھیلے
ڈوبے نہیں ہم ہی یوں نشے میں اکیلے
شیشے میں آپ کو بھی اتارے چلے گئے

***

گانا نمبر: ۰۸

نغمہ : دنیا والوں سے دور

فلم : اجالا (۱۹۵۹ء)

نغمہ نگار : شیلندر

گلوکار : لتا منگیشکر، مکیش

موسیقار : شنکر جے کشن

اداکار : شمی کپور، مالا سنہا

دنیا والوں سے دور، جانے والوں سے دور
آ جا آ جا چلیں کہیں دور، کہیں دور
وہ پیار کا جہاں ہے، ہر دل پہ مہرباں ہے
کچھ اور وہ زمیں ہے، کچھ اور آسماں ہے
نہ ظلم کا نشاں ہے، نہ غم کی داستاں ہے
ہر کوئی جس کو سمجھے وہ پیار کی زباں ہے
الفت کی راگنی میں مستانی بےخودی میں
کھو جائیں گے یہ دو دل کھوئی سی چاندنی میں
پھر کیا کرے گی دنیا، جل جل مرے گی دنیا
تاروں میں دو ستارے دیکھا کرے گی دنیا

ہاتھوں میں ہاتھ ڈالے، خود کو بنا سنبھالے
نکلیں گے ہم جدھر سے ہو جائیں گے اجالے
چندا کہے گا ہنس کر سینے پہ ہاتھ رکھ کر
جو جا رہے ہیں دیکھو دو پیار کرنے والے

***

گانا نمبر : ۰۹

نغمہ : من ڈولے میرا تن ڈولے

فلم : ناگن (۱۹۵۴ء)

نغمہ نگار : راجندر کرشن

گلوکار : لتا منگیشکر

موسیقار : ہیمنت کمار

اداکار : پردیپ کمار، وجینتی مالا

من ڈولے میرا تن ڈولے
میرے دل کا گیا قرار رے
یہ کون بجائے بانسریا
مدھر مدھر سپنوں میں دیکھی میں نے راہ نویلی
توڑ چلی میں لاج کا پہرہ جانے کہاں اکیلی
چلی میں جانے کہاں اکیلی
رس گھولے، دھن یوں بولے، جیسے ٹھنڈی پڑے پھوار رے
یہ کون بجائے بانسریا
قدم قدم پر رنگ سنہرا یہ کس نے بکھرایا

ناگن کا من بس کرنے یہ کون سپیرا آیا
یہ کون سپیرا آیا
پگ ڈولے، دل یوں بولے، تیرا ہو کے رہا شکار رے
یہ کون بجائے بانسریا

***

گانا نمبر : ١٠

نغمہ : پنچھی بنوں اڑتی پھروں مست گگن میں

فلم : چوری چوری (١٩٥٦ء)

نغمہ نگار : حسرت جے پوری

گلوکار : لتا منگیشکر

موسیقار : شنکر جے کشن

اداکار : راجکپور، نرگس، پران

پنچھی بنوں اڑتی پھروں مست گگن میں
آج میں آزاد ہوں دنیا کے چمن میں
او میرے جیون میں چمکا سویرا
او مٹا دل سے وہ غم کا اندھیرا
او ہرے کھیتوں میں گائے کوئی لہرا
او یہاں دل پر کسی کا نہ پہرا
رنگ بہاروں نے بھرا میرے جیون میں
او دل سے چاہے بہاروں سے کھیلوں
او گوری ندیا کی دھاروں سے کھیلوں
او چاند، سورج، ستاروں سے کھیلوں

او اپنی بانہوں میں آکاش لے لوں
بڑھتی چلوں گاتی چلوں اپنی لگن میں
او میں تو اوڑھوں گی بادل کا آنچل
او میں تو پہنوں گی بجلی کی پائل
او چھین لوں گی گھٹاؤں سے کاجل
او میرا جیون ہے ندیا کی ہلچل
دل سے میرے لہر اٹھے ٹھنڈی پوَن میں

***

گانا نمبر : ١١

نغمہ : سب کو مبارک نیا سال

فلم : سمراٹ (١٩٥٤ء)

نغمہ نگار : راجندر کرشن

گلوکار : آشا بھونسلے، ہیمنت کمار

موسیقار : ہیمنت کمار

اداکار : اجیت، ریحانہ، کملیش کماری

سب کو مبارک نیا سال
نیا سال یہ نیا سال
یہ نیا سال یہ نیا سال
سب کو مبارک نیا سال
سال پرانا ہوا فسانہ
چھوڑو بھی یہ قصہ
نئی بہاریں نئی جوانی
نئے سال کا حصہ
سال پرانا ہوا فسانہ
چھوڑو بھی یہ غصہ

نئی بہاریں نئی جوانی
نئے سال کا حصہ
گیا دسمبر جانے دو
آئی جنوری آنے دو
دل سے دل ٹکرانے دو
ٹکرانے دو ٹکرانے دو ہے نیا سال
سب کو مبارک نیا سال
جانے والے پاس آ
آنے والے آ جا
لے کے خوشیوں کے جام
تجھے سب کا سلام
کرو جی ہنستے ہنستے
آنے والے سال کو نمستے
گیا دسمبر جانے دو
آئی جنوری آنے دو
سب کو مبارک نیا سال
نیا سال یہ نیا سال

***

گانا نمبر : ۱۲

نغمہ : ہم لائے ہیں طوفان سے کشتی نکال کے

فلم : جاگرتی (۱۹۵۴ء)

نغمہ نگار : پردیپ

گلوکار : محمد رفیع

موسیقار : ہیمنت کمار

اداکار : ابھی بھٹاچاریہ، پرانوتی گھوش، بپن گپتا

پانسے سبھی الٹ گئے دشمن کی چال کے
اکشر سبھی پلٹ گئے بھارت کے بھال کے
منزل پہ آیا ملک ہر بلا کو ٹال کے
صدیوں کے بعد پھر اڑے بادل گلال کے
ہم لائے ہیں طوفان سے کشتی نکال کے
اس دیش کو رکھنا میرے بچو سنبھال کے
تم ہی بھویشیہ ہو میرے بھارت وشال کے
اس دیش کو رکھنا میرے بچو سنبھال کے
دیکھو کہیں برباد نہ ہوئے یہ بغیچہ
اس کو ہردے کے خون سے باپو نے ہے سینچا

رکھیا ہے یہ چراغ شہیدوں نے بال کے
اس دیش کو رکھنا میرے بچو سنبھال کے
دنیا کے داؤ پیچ سے رکھنا نہ واسطہ
منزل تمہاری دور ہے لمبا ہے راستہ
بھٹکا نہ دے کوئی تمہیں دھوکے میں ڈال کے
اس دیش کو رکھنا میرے بچو سنبھال کے
ایٹم بموں کے زور پہ اینٹھی ہے یہ دنیا
بارود کے اک ڈھیر پہ بیٹھی ہے یہ دنیا
تم ہر قدم اٹھانا ذرا دیکھ بھال کے
اس دیش کو رکھنا میرے بچو سنبھال کے
آرام کی تم بھول بھلیوں میں نہ بھولو
سپنوں کے ہنڈولوں پہ مگن ہو کے نہ جھولو
اب وقت آ گیا میرے ہنستے ہوئے پھولوں
اٹھو چھلانگ مار کے آکاش کو چھو لو
تم گاڑ دو گگن میں ترنگا اچھال کے

***

گانا نمبر: ۱۳

نغمہ : یہ دیش ہے ویر جوانوں کا

فلم : نیا دور (۱۹۵۷ء)

نغمہ نگار : ساحر لدھیانوی

گلوکار : محمد رفیع

موسیقار : او۔ پی۔ نیر

اداکار : دلیپ کمار، وجینتی مالا، اجیت

یہ دیش ہے ویر جوانوں کا
البیلوں کا مستانوں کا
اس دیش کا یارو کیا کہنا
یہ دیش ہے دنیا کا گہنا
یہاں چوڑی چھاتی ویروں کی
یہاں بھولی شکلیں ہیروں کی
یہاں گاتے ہیں رانجھے مستی میں
مچتی ہیں دھومیں بستی میں
پیڑوں پہ بہاریں جھولوں کی
راہوں میں قطاریں پھولوں کی

یہاں ہنستا ہے ساون بالوں میں
کھلتی ہیں کلیاں گالوں میں
کہیں دنگل شوخ جوانوں کا
کہیں کرتب تیر کمانوں کا
یہاں نت نت میلے سجتے ہیں
نت ڈھول اور تاشے بجتے ہیں
دلبر لیے دلدار ہیں ہم
دشمن کے لیے تلوار ہیں ہم
میداں میں اگر ہم ڈٹ جائیں
مشکل ہے کہ پیچھے ہٹ جائیں

***

گانا نمبر : ۱۴

نغمہ : اے مالک تیرے بندے ہم

فلم : دو آنکھیں بارہ ہاتھ (۱۹۵۸ء)

نغمہ نگار : بھرت ویاس

گلوکار : لتا منگیشکر

موسیقار : وسنت دیسائی

اداکار : وی شانتارام، سندھیا

اے مالک تیرے بندے ہم، ایسے ہو ہمارے کرم
نیکی پر چلیں اور بدی سے ٹلیں، تاکہ ہنستے ہوئے نکلے دم
یہ اندھیرا گھنا چھا رہا، تیرا انسان گھبرا رہا
ہو رہا بے خبر، کچھ نہ آتا نظر، سکھ کا سورج چھپا جا رہا
ہے تیری روشنی میں وہ دم، تو اماوس کو کردے پونم
بڑا کمزور ہے آدمی، ابھی لاکھوں ہیں اس میں کمی
پر تو جو کھڑا، ہے دیالو بڑا، تیری کرپا سے دھرتی تھمی
دیا تونے ہمیں جب جنم، تو ہی جھیلے گا ہم سب کے غم
جب ظلموں کا ہو سامنا، تب تو ہی ہمیں تھامنا
وہ برائی کریں، ہم بھلائی بھریں، نہیں بدلے کی ہو کامنا

بڑھ اٹھے پیار کا ہر قدم اور مٹے بیر کا یہ بھرم
اے مالک تیرے بندے ہم، ایسے ہو ہمارے کرم
نیکی پر چلیں اور بدی سے ٹلیں، تا کہ ہنستے ہوئے نکلے دم

***

گانا نمبر : ۱۵

نغمہ : یہ دنیا اگر مل بھی جائے تو کیا ہے

فلم : پیاسا (۱۹۵۷ء)

نغمہ نگار : --------

گلوکار : محمد رفیع

موسیقار : ایس۔ڈی۔برمن

اداکار : گرودت، وحیدہ رحمان

یہ محلوں ، یہ تختوں ، یہ تاجوں کی دنیا
یہ انساں کے دشمن سماجوں کی دنیا
یہ دولت کے بھوکے رواجوں کی دنیا
یہ دنیا اگر مل بھی جائے تو کیا ہے

ہر اک جسم گھائل ، ہر اک روح پیاسی
نگاہوں میں الجھن ، دلوں میں اداسی
یہ دنیا ہے یا عالم بدحواسی
یہ دنیا اگر مل بھی جائے تو کیا ہے

جہاں اک کھلونا ہے انساں کی ہستی
یہ بستی ہے مُردہ پرستوں کی بستی

جہاں اور جیون سے ہے موت سستی
یہ دنیا اگر مل بھی جائے تو کیا ہے
جوانی بھٹکتی ہے ہے بیزار بن کر
جواں جسم سجتے ہیں بازار بن کر
جہاں پیار ہوتا ہے بیوپار بن کر
یہ دنیا اگر مل بھی جائے تو کیا ہے
یہ دنیا جہاں آدمی کچھ نہیں ہے
وفا کچھ نہیں ، دوستی کچھ نہیں ہے
جہاں پیار کی قدر ہی کچھ نہیں ہے
یہ دنیا اگر مل بھی جائے تو کیا ہے
جلا دو ، جلا دو ، اسے پھونک ڈالو یہ دنیا
میرے سامنے سے ہٹا لو یہ دنیا
تمہاری ہے تم ہی سنبھالو یہ دنیا
یہ دنیا اگر مل بھی جائے تو کیا ہے

***

۱۹۶۰ - گانا نمبر : ۰۱

نغمہ : ہم پیار کا سودا کرتے ہیں ایک بار

فلم : زندگی (۱۹۶۴ء)

نغمہ نگار : حسرت جے پوری

گلوکار : لتا منگیشکر

موسیقار : شنکر جے کشن

اداکار : راجندر کمار، وجینتی مالا، راج کمار، پرتھوی راج کپور

ہم پیار کا سودا کرتے ہیں ایک بار
چاہے مٹ جائیں چاہے مر جائیں
عشق تیرا آگ ہے تو اس میں جلتے جائیں گے
موت ہو یا زندگی ہم ساتھ چلتے جائیں گے
ہم وہ نہیں ہیں پیار کے راہی جو دنیا سے ڈر جائیں
چاہے بدلے آسماں اور چاہے بدلے یہ زمین
آنکھ نیچی ہو وفا کی ایسا ہو سکتا نہیں
ہم طوفاں میں ڈال کے کشتی ڈوب کے پار اتر جائیں
شکوہ ہے تجھ سے پیار کا اے مالکِ جہاں

کیوں لائی اونچ نیچ کی دیوار درمیاں
کیا مجھ کو حق نہیں ہے محبت کا پیار کا
کچھ تو جواب دے میرے دل کی پکار کا
دیتا نہیں جواب تو ہم سے جواب لے
دل سے نہ پیار جائے گا چاہے چِتا جلے
ہم پیار کا سودا کرتے ہیں ایک بار
چاہے مٹ جائیں چاہے مر جائیں
چھوڑ جائیں گے جہاں میں ٹھیک ایسی داستاں
یاد کر کے روئے جس کو یہ زمیں اور آسماں
اتنا روئے تیرے جہاں میں آنسو ہی آنسو بھر جائے
ہم پیار کا سودا کرتے ہیں ایک بار

***

گانا نمبر : ۰۲

نغمہ : وہ شام کچھ عجیب تھی

فلم : خاموشی (۱۹۶۹ء)

نغمہ نگار : گلزار

گلوکار : کشور کمار

موسیقار : ہیمنت کمار

اداکار : وحیدہ رحمان، دھریندر، راجیش کھنہ

وہ شام کچھ عجیب تھی
یہ شام بھی عجیب ہے
وہ کل بھی پاس پاس تھی
وہ آج بھی قریب ہے
جھکی ہوئی نگاہ میں کہیں میرا خیال تھا
دبی دبی ہنسی میں اک حسین سا گلال تھا
میں سوچتا تھا میرا نام گنگنا رہی ہے وہ
نہ جانے کیوں لگا مجھے کہ مسکرا رہی ہے وہ
میرا خیال ہے ابھی جھکی ہوئی نگاہ میں
کھلی ہوئی ہنسی بھی ہے دبی ہوئی سی چاہ میں

میں جانتا ہوں میرا نام گنگنا رہی ہے وہ
یہی خیال ہے مجھے کہ ساتھ آ رہی ہے وہ
وہ شام کچھ عجیب تھی ---

***

گانا نمبر : ۰۳

نغمہ : مانجھی چل، او مانجھی چل

فلم : آیا ساون جھوم کے (۱۹۶۹ء)

نغمہ نگار : آنند بخشی

گلوکار : محمد رفیع

موسیقار : لکشمی کانت پیارے لال

اداکار : دھریندر، آشا پاریکھ، ارونا ایرانی

مانجھی چل، او مانجھی چل
تو چلے تو چھم چھم باجے، موجوں کی پائل
تیرا جیون ندیا کی دھار ہے
تن ہے نیا، من پتوار ہے
سن او مانجھی موجوں کی پکار ہے
تھام لے تو مست پَوَن کا لہراتا آنچل
آشاؤں سے ناتا جوڑ دے
یہ نراشاؤں کے بندھن توڑ دے
سن او مانجھی آج کا غم تو چھوڑ دے

آج تو پیچھے رہ گیا ہے، سامنے ہے کل

***

گانا نمبر : ۰۴

نغمہ : یہاں میں اجنبی ہوں

فلم : جب جب پھول کھلے (۱۹۶۵ء)

نغمہ نگار : آنند بخشی

گلوکار : محمد رفیع

موسیقار : کلیان جی آنند جی

اداکار : ششی کپور، نندہ

کبھی پہلے دیکھا نہیں یہ سماں
یہ میں بھول سے آ گیا ہوں کہاں
یہاں میں اجنبی ہوں
میں جو ہوں، بس وہی ہوں
کہاں شام و سحر یہ، کہاں دن رات میرے
بہوت رسوا ہوئے ہیں، یہاں جذبات میرے
نئی تہذیب ہے یہ، نیا ہے یہ زمانہ
مگر میں آدمی ہوں، وہی صدیوں پرانا
میں کیا جانوں یہ باتیں، ذرا انصاف کرنا
میری گستاخیوں کو خدارا معاف کرنا

تیری بانہوں میں دیکھوں صنم غیروں کی بانہیں
میں لاؤں گا کہاں سے بھلا ایسی نگاہیں
یہ کوئی رقص ہوگا، کوئی دستور ہوگا
مجھے دستور ایسا کہاں منظور ہوگا
بھلا کیسے یہ میرا لہو ہو جائے پانی
میں کیسے بھول جاؤں، میں ہوں ہندوستانی
مجھے بھی ہے شکایت تجھے بھی تو گلہ ہے
یہی شکوہ ہماری محبت کا صلہ ہے
کبھی مغرب سے مشرق ملا ہے جو ملے گا
جہاں کا پھول ہے جو، وہیں پہ وہ کھلے گا
تیرے اونچے محل میں نہیں میرا گزارا
مجھے یاد آ رہا ہے وہ چھوٹا سا شکارا

***

گانا نمبر : ۰۵

نغمہ : دو پل کو تیری آنکھوں سے پینے کو ملے

فلم : بہاروں کے سپنے (۱۹۶۷ء)

نغمہ نگار : مجروح سلطان پوری

گلوکار : آشا بھونسلے، اوشا منگیشکر

موسیقار : آر ڈی برمن

اداکار : راجیش کھنہ، آشا پاریکھ

دو پل کو تیری آنکھوں سے پینے کو ملے
ہم تو یہ جانیں سو سال جینے کو ملے
کہیں جو تم ہوتے ہمارے لیے
دو آنکھوں کے نشیلے سہارے لیے
یہ راتیں رک جاتیں نظارے لیے
آج ذرا مل کے جامِ دل چھلکے
بانہوں کی ڈالی تلے
ہم تو یہ جانیں سو سال جینے کو ملے
پیاسی نگاہیں ارے کس کو دکھائیں
کہاں لے کے جائیں دنیا کے ٹھکرائے ہم

جانیں ہم کیا ہیں ہائے
سب کے لبوں پر ہنسی ہے
کچھ ایسی محفل میں کیوں آئے ہم
صنم میرے آج ہم ترے کوچے سے پیاسے چلے
دو پل کو تیری آنکھوں سے پینے کو ملے
ہم تو یہ جانیں سو سال جینے کو ملے

***

گانا نمبر : ۰٦

نغمہ : یا دل کی سنو دنیا والو

فلم : انوپما (۱۹٦٦ء)

نغمہ نگار : کیفی اعظمی

گلوکار : ہیمنت کمار

موسیقار : ہیمنت کمار

اداکار : دھریندر، شرمیلا ٹیگور

یا دل کی سنو دنیا والو
یا مجھ کو ابھی چپ رہنے دو
میں غم کو خوشی کیسے کہہ دوں
جو کہتے ہیں ان کو کہنے دو
یہ پھول چمن میں کیسا کھلا
مالی کی نظر میں پیار نہیں
ہنستے ہوئے کیا کیا دیکھ لیا
اب بہتے ہیں آنسو بہنے دو
اک خواب خوشی کا دیکھا نہیں
دیکھا جو کبھی تو بھول گئے

مانگا ہوا تم کچھ دے نہ سکے

جو تم نے دیا وہ سہنے دو

کیا درد کسی کا لے گا کوئی

اتنا تو کسی میں درد نہیں

بہتے ہوئے آنسو اور بہیں

اب ایسی تسلی رہنے دو

***

گانا نمبر : ۰۷

نغمہ : آیا ہے مجھے پھر یاد وہ ظالم

فلم : دیور (۱۹۶۶ء)

نغمہ نگار : آنند بخشی

گلوکار : مکیش

موسیقار : روشن

اداکار : دھرمیندر، شرمیلا ٹیگور

آیا ہے مجھے پھر یاد وہ ظالم
گزرا زمانہ بچپن کا
ہائے رے اکیلے چھوڑ کے جانا
اور نہ آنا بچپن کا
وہ کھیل، وہ ساتھی، وہ جھولے
وہ دوڑ کے کہنا، آ چھو لے
ہم آج تلک بھی نہ بھولے وہ
خواب سہانا بچپن کا
اس کی سب کو پہچان نہیں
یہ دو دن کا مہمان نہیں

مشکل ہے بہت آسان نہیں یہ
پیار بھلانا بچپن کا
مل کر روئیں، فریاد کریں
ان بیتے دنوں کی یاد کریں
اے کاش کہیں مل جائے کوئی جو
میت پرانا بچپن کا

***

گانا نمبر : ۰۸

نغمہ : کوئی جب راہ نہ پائے، میرے سنگ آئے

فلم : دوستی (۱۹۶۴ء)

نغمہ نگار : مجروح سلطان پوری

گلوکار : محمد رفیع

موسیقار : لکشمی کانت پیارے لال

اداکار : سدھیر کمار، سشیل کمار، سنجے خاں

کوئی جب راہ نہ پائے
میرے سنگ آئے
کہ پگ پگ دیپ جلائے
میری دوستی، میرا پیار
جیون کا یہی ہے دستور
پیار بنا اکیلا مجبور
دوستی کو مانیں تو سب دکھ دور
کوئی کاہے ٹھوکر کھائے
میرے سنگ آئے
کہ پگ پگ دیپ جلائے

میری دوستی، میرا پیار
دونوں کے ہیں روپ ہزار
پر میری سنے جو سنسار
دوستی ہے بھائی، تو بہنا ہے پیار
کوئی مت نین چرائے
میرے سنگ آئے
کہ پگ پگ دیپ جلائے
میری دوستی، میرا پیار
پیار کا ہے، پیار ہی نام
کہیں میرا، کہیں گھنشیام
دوستی کا یارو نہیں کوئی دھام
کوئی کہیں دور نہ جائے
میرے سنگ آئے
کہ پگ پگ دیپ جلائے
میری دوستی، میرا پیار

***

گانا نمبر : ۰۹

نغمہ : کبھی تو ملے گی، کہیں تو ملے گی

فلم : آرتی (۱۹۶۲ء)

نغمہ نگار : مجروح سلطان پوری

گلوکار : لتا منگیشکر

موسیقار : روشن

اداکار : میناکماری، پردیپ کمار

کبھی تو ملے گی، کہیں تو ملے گی
بہاروں کی منزل راہی
لمبی سہی درد کی راہیں
دل کی لگن سے کام لے
آنکھوں کے اس طوفان کو پی جا
آہوں کے بادل تھام لے
دور تو ہے پر دور نہیں ہے
نظاروں کی منزل راہی
بہاروں کی منزل راہی
مانا کہ ہے گہرا اندھیرا

گم ہے ڈگر کی چاندنی
میلی نہ ہو، دھندلی پڑے نہ
دیکھ نظر کی چاندنی
ڈالے ہوئے ہے رات کی چادر
ستاروں کی منزل راہی
بہاروں کی منزل راہی

***

گانا نمبر : ۱۰

نغمہ : گیت تیرے ساز کا تیری ہی آواز ہوں

فلم : انتقام (۱۹۶۹ء)

نغمہ نگار : راجندر کرشن

گلوکار : لتا منگیشکر، محمد رفیع

موسیقار : لکشمی کانت پیارے لال

اداکار : اشوک کمار، سادھنا، سنجے خاں

گیت تیرے ساز کا تیری ہی آواز ہوں،
تو بھی میرا ساتھی بن جا میں تیری ہم راز ہوں
آجا مل کے بانٹ لے کیا خوشیاں کیا غم
تنہا تنہا تنہائی کا زہر پیے کیوں ہم
تو میرے جیون کا پنچھی میں تیری پرواز ہوں
دو دن کا ساتھ نہیں ساری عمر کا ہے ساتھ
جیتے جی نہ ہونگے جدا یہ آج ملے جو ہاتھ
تو میری سانسوں کا مالک میں تیری دم ساز ہوں

***

گانا نمبر : ۱۱

نغمہ : میں عاشق ہوں بہاروں کا

فلم : عاشق (۱۹۶۲ء)

نغمہ نگار : شیلندر

گلوکار : مکیش

موسیقار : شنکر جے کشن

اداکار : راج کپور، نندہ، پدمنی

میں عاشق ہوں، بہاروں کا
نظاروں کا، فضاؤں کا، اشاروں کا
میں مستانہ مسافر ہوں
جواں دھرتی کے انجانے کناروں کا
صدیوں سے جگ میں آتا رہا میں
نئے رنگ جیون میں لاتا رہا میں
ہر ایک دیس میں، نت نئے بھیس میں
کبھی میں نے ہنس کے دیپک جلائے
کبھی بن کے بادل آنسو بہائے
میرا راستہ، پیار کا راستہ

چلا گر سفر کو کوئی بے سہارا
تو میں ہو لیا سنگ لئے اکتارا
گاتا ہوا، دکھ بھلاتا ہوا

***

گانا نمبر : ۱۲

نغمہ : رات اور دن دیا جلے

فلم : رات اور دن (۱۹۶۷ء)

نغمہ نگار : حسرت جے پوری

گلوکار : لتا منگیشکر

موسیقار : شنکر جے کشن

اداکار : پردیپ کمار، نرگس

رات اور دن دیا جلے
میرے من میں پھر بھی اندھیارا ہے
جانے کہاں ہے، او ساتھی
تو جو ملے جیون اجیارا ہے
پگ پگ من میرا ٹھوکر کھائے
چاند سورج بھی راہ نہ دکھائے
ایسا اجالا کوئی من میں سمائے
جس سے پیا کا درشن مل جائے
گہرا یہ بھید کوئی مجھ کو بتائے
کس نے کیا ہے مجھ پر انیائے

جس کا ہو دیپ وہ سکھ نہیں پائے
جیوت دئے کی دوجے گھر کو سجائے
خود نہیں جانوں ڈھونڈھے کس کو نظر
کون دشا ہے میرے من کی ڈگر
کتنا عجب یہ دل کا سفر
ندیا میں آئے جائے جیسے لہر

***

گانا نمبر : ۱۳

نغمہ : اس کو نہیں دیکھا ہم نے کبھی

فلم : دادی ماں (۱۹۶۶ء)

نغمہ نگار : مجروح سلطان پوری

گلوکار : مہندر کپور، مناڈے

موسیقار : روشن

اداکار : بینارائے، اشوک کمار، کاشی ناتھ گھانیکر

اس کو نہیں دیکھا ہم نے کبھی
پر اس کی ضرورت کیا ہو گی
اے ماں تیری صورت سے الگ
بھگوان کی صورت کیا ہو گی
انسان تو کیا دیوتا بھی آنچل میں پلے تیرے
ہے سورگ اسی دنیا میں قدموں کے تلے تیرے
ممتا ہی لٹائیں جسکے نین
ایسی کوئی مورت کیا ہو گی
کیوں دھوپ جلائے دکھوں کی
کیوں غم کی گھٹا برسے

یہ ہاتھ دعاؤں والے
رہتے ہیں سدا سر پہ
تو ہے تو اندھیرے پتھ میں ہمیں
سورج کی ضرورت کیا ہوگی
کہتے ہیں تیری شان میں جو
کوئی اونچے بول نہیں
بھگوان کے پاس بھی ماتا
تیرے پیار کا مول نہیں
ہم تو یہی جانیں تجھ سے بڑی
سنسار کی دولت کیا ہوگی

***

گانا نمبر : ۱۴

نغمہ : گر تم بھلا نہ دو گے، سپنے یہ سچ ہی ہوں گے

فلم : یقین (۱۹۶۹ء)

نغمہ نگار : حسرت جے پوری

گلوکار : محمد رفیع

موسیقار : شنکر جے کشن

اداکار : دھریندر، شرمیلا ٹیگور

گر تم بھلا نہ دو گے، سپنے یہ سچ ہی ہوں گے
ہم تم جدا نہ ہوں گے
مالک نے اپنے ہاتھوں جس دن ہمیں بنایا
ڈالی دلوں میں دھڑکن اور دل سے دل ملایا
پھر پیار کا فرشتہ دنیا میں لے کے آیا
پتھر کی ہیں لکیریں عہدِ وفا ہمارے
ہرگز نا مٹ سکیں گے نام و نشاں ہمارے
چاہت کی منزلوں پر ہر سانس یہ پکارے
جیون کے ہر سفر میں ہم ساتھ ہی رہیں گے
دنیا کی ہر ڈگر پر ہم ساتھ ہی چلیں گے

ہم ساتھ ہی جئیں گے، ہم ساتھ ہی مریں گے

***

گانا نمبر : ۱۵

نغمہ : گردش میں ہو تارے، نہ گھبرانا پیارے

فلم : ریشمی رومال (۱۹۶۱ء)

نغمہ نگار : راجہ مہدی علی خاں

گلوکار : مکیش

موسیقار : بابل

اداکار : منوج کمار، شکیلہ

گردش میں ہو تارے، نہ گھبرانا پیارے
گر تو ہمت نہ ہارے تو ہوں گے وارے نیارے
مجھ کو میری آشا دیتی ہے دلاسہ
آئیں گی بہاریں چلی جائیں گی خزاں
او آسماں یہ نیلا نیلا، کرے ہے اشارے
دنیا ہے سرائے، رہنے کو ہم آئے
آیا ہے تو ہنسی خوشی رہ لے تو یہاں
وہ سورما ہے، زندگی جو کانٹوں میں گزارے
بازوؤں میں دم ہے، پھر کاہے کا غم ہے
آہنی ارادے ہیں امنگیں ہیں جواں

او مشکلیں کہاں ہیں انہیں میرا دل پکارے

***

گانا نمبر : ۱۶

نغمہ : کارواں گزر گیا غبار دیکھتے رہے

فلم : نئی عمر کی نئی فصل (۱۹۶۵ء)

نغمہ نگار : گوپا داس نیرج

گلوکار : محمد رفیع

موسیقار : روشن

اداکار : راجیو، تنوجہ

سوپن جھڑے پھول سے میت چبھے شول سے
لوٹ گئے سنگھار سبھی باغ کے ببول سے
اور ہم کھڑے کھڑے بہار دیکھتے رہے
کارواں گزر گیا غبار دیکھتے رہے
نیند بھی کھلی نہ تھی کہ ہائے دھوپ ڈھل گئی
پاؤں جب تلک اٹھے کہ زندگی پھسل گئی
پات پات جھڑ گئے کہ شاخ شاخ جل گئی
چاہ تو نکل سکی نہ، پر عمر نکل گئی
گیت اشک بن گئے، سوپن ہو دفن گئے
ساتھ کے سبھی دیے دھواں پہن پہن گئے

اور ہم جھکے جھکے، موڑ پر رکے رکے
عمر کے چڑھاؤ کا اتار دیکھتے رہے
کارواں گزر گیا غبار دیکھتے رہے
کیا شباب تھا کہ پھول پھول پیار کر اٹھا
کیا کمال تھا کے دیکھ آئینا سحر اٹھا
اس طرف زمین اور آسماں ادھر اٹھا
تھام کر جگر اٹھا کہ جو ملا نظر اٹھا
ایک دن مگر یہاں ایسی کچھ ہوا چلی
لٹ گئی کلی کلی، کہ گھٹ گئی گلی گلی
اور ہم لٹے لٹے، وقت سے پٹے پٹے
سانس کی شراب کا خمار دیکھتے رہے
کارواں گزر گیا غبار دیکھتے رہے
ہاتھ تھے ملے کہ زلف چاند کی سنوار دوں
ہونٹ تھے کھلے کہ ہر بہار کو پکار دوں
درد تھا دیا گیا کہ ہر دکھی کو پیار دوں
اور سانس یوں کہ سورگ بھومی پر اتار دوں
ہو سکا نہ کچھ مگر شام بن گئی سحر
وہ اٹھی لہر کے ڈھے گئے قلعے بکھر بکھر

اور ہم ڈرے ڈرے، نیر نین میں بھرے
اوڑھ کر کفن پڑے مزار دیکھتے رہے
مانگ بھر چلی کہ ایک جب نئی نئی کرن
ڈھولکے دھنک اٹھی دھمک اٹھے چرن چرن
شور مچ گیا کہ لو چلی دلہن، چلی دلہن
گاؤں سب امڈ پڑا بہک اٹھے نین نین
پر تبھی زہر بھری غاز ایک وہ گری
پونچھ گیا سندور تار تار ہوئی چنری
اور ہم اذن سے، دور کے مکان سے
پالکی لیے ہوئے کہار دیکھتے رہے
کارواں گزر گیا غبار دیکھتے رہے

***

گانا نمبر : ۱۷

نغمہ : بہاریں پھر بھی آئیں گی

فلم : بہاریں پھر بھی آئیں گی (۱۹۶۶ء)

نغمہ نگار : کیفی اعظمی

گلوکار : مہندر کپور

موسیقار : او۔ پی۔ نیر

اداکار : دھریندر، تنوجہ، مالاسنہا

بدل جائے اگر مالی
چمن ہوتا نہیں خالی
بہاریں پھر بھی آتی ہیں
بہاریں پھر بھی آئیں گی
تھکن کیسی، گھٹن کیسی
چل اپنی دھن میں دیوانے
کھلا لے پھول کانٹوں میں
سجا لے اپنے ویرانے
ہوائیں آگ بھڑکائیں
فضائیں زہر برسائیں

بہاریں پھر بھی آتی ہیں
بہاریں پھر بھی آئیں گی
اندھیرے کیا، اجالے کیا
نہ یہ اپنے نہ وہ اپنے
تیرے کام آئیں گے پیارے
تیرے ارماں، تیرے سپنے
زمانہ تجھ سے ہو برہم
نہ آئے رہبر موسم
بہاریں پھر بھی آتی ہیں
بہاریں پھر بھی آئیں گی

***

گانا نمبر : ۱۸

نغمہ : فلسفہ پیار کا تم کیا جانو

فلم : دنیا (۱۹۶۸ء)

نغمہ نگار : حسرت جے پوری

گلوکار : محمد رفیع

موسیقار : شنکر جے کشن

اداکار : دیو آنند، وجینتی مالا

فلسفہ پیار کا تم کیا جانو
تم نے کبھی پیار نہ کیا
تم نے انتظار نہ کیا
خوبصورت ہو مگر پیار کے انداز نہیں
یہ کمی ہے کہ تمہارا کوئی ہم راز نہیں
دل میں جب درد نہیں بات بنے گی کیسے
ساز چھیڑا بھی مگر پیار کی آواز نہیں
کیسے سمجھاؤں یہ نازک سا فسانہ تم کو
یہ وہ منظر ہے جو محسوس ہوا کرتا ہے
رہتی دنیا میں وہی رہتا ہے مرکر زندہ

پیار کے نام پہ جو جان دیا کرتا ہے
پیار شیریں نے کیا پیار ہی لیلیٰ نے کیا
پیار میرا نے کیا پیار ہی رادھا نے کیا
پیار ہر رنگ میں لوگوں کو صدا دیتا ہے
پیار کے پردے میں ہم سب کا خدا رہتا ہے

***

گانا نمبر : ۱۹

نغمہ : جاگو سونے والو سنو میری کہانی

فلم : بھوت بنگلہ (۱۹۶۵ء)

نغمہ نگار : حسرت جے پوری

گلوکار : کشور کمار

موسیقار : آر ڈی برمن

اداکار : محمود، تنوجہ، آر ڈی برمن

جاگو سونے والو سنو میری کہانی
کیا امیری، کیا غریبی، بھولو باتیں پرانی
ٹوٹا جو آج دل کا وہ ساز رونے لگا ایک بدنصیب
ہنسنے لگے دنیا کے لوگ کوئی ہوا برباد
یہ اونچ نیچ دنیا کے بیچ، آخر یہ کیوں، بولو کوئی
جو ہے بھلا، وہ کیوں برا، ہم تو نہ سمجھے یہ راز
آپس میں غم بانٹے جو ہم، پھر نہ رہیں ایسے ستم
کہنے کو ہم انسان ہیں انسانیت کہاں ہے

***

گانا نمبر : ۲۰

نغمہ : حال دل ان کو سنانا تھا، سنایا نہ گیا

فلم : فریاد (۱۹۶۴ء)

نغمہ نگار : کیدار شرما

گلوکار : سمن کلیان پور

موسیقار : سنیہل بھٹکر

اداکار : اشوک شرما، زیب رحمان، اچلا سچدیو

حال دل ان کو سنانا تھا
سنایا نہ گیا، سنایا نہ گیا
جو زباں پر مجھے لانا تھا
وہ لایا نہ گیا، وہ لایا نہ گیا
پیار سے سینہ پہ سر رکھ کے تو دل قدموں پہ
آپ کو اپنا بنانا تھا
بنایا نہ گیا، بنایا نہ گیا
کھیلتی آنکھ مچولی رہی نظریں اپنی
جن کو پلکوں میں چھپانا تھا
چھپایا نہ گیا، چھپایا نہ گیا

ایک ہی وار میں ہاتھوں سے جگر تھام لیا
ہائے جس دل کو بچانا تھا
بچایا نہ گیا، بچایا نہ گیا

***

گانا نمبر : ۲۱

نغمہ : ہم اس دیش کے واسی ہیں، جس دیش میں گنگا بہتی ہے

فلم : جس دیش میں گنگا بہتی ہے (۱۹۶۰ء)

نغمہ نگار : شیلندر

گلوکار : مکیش

موسیقار : شنکر جے کشن

اداکار : راجکپور، پدمنی، پران

ہونٹوں پہ سچائی رہتی ہے، جہاں دل میں صفائی رہتی ہے
ہم اس دیش کے واسی ہیں، جس دیش میں گنگا بہتی ہے
مہماں جو ہمارا ہوتا ہے، وہ جان سے پیارا ہوتا ہے
زیادہ کی نہیں لالچ ہم کو، تھوڑے میں گزارا ہوتا ہے
بچوں کے لیے جو دھرتی ماں، صدیوں سے سبھی کچھ سہتی ہے
کچھ لوگ جو زیادہ جانتے ہیں، انسان کو کم پہچانتے ہیں
یہ پورب ہے، پورب والے، ہر جان کی قیمت جانتے ہیں

مل جل کے رہو اور پیار کرو، ایک چیز یہی جو رہتی ہے
جو جس سے ملا سیکھا ہم نے، غیروں کو بھی اپنایا ہم نے
مطلب کے لیے اندھے ہو کر، روٹی کو نہیں پوجا ہم نے
اب ہم تو کیا ساری دنیا، ساری دنیا سے کہتی ہے

***

گانا نمبر : ۲۲

نغمہ : تم بن جاؤں کہاں کہ دنیا میں آ کے

فلم : پیار کا موسم (۱۹۶۹)

نغمہ نگار : مجروح سلطان پوری

گلوکار : کشور کمار

موسیقار : آر ڈی برمن

اداکار : ششی کپور، آشا پاریکھ

تم بن جاؤں کہاں کہ دنیا میں آ کے
کچھ نہ پھر چاہا کبھی تم کو چاہ کے
رہ بھی سکو گے تم کیسے، ہو کے مجھ سے جدا
ہٹ جائیں گی دیواریں، سن کے میری صدا
آنا ہو گا تمہیں میرے لیے،
ساتھی میری سونی راہ کے
کتنی اکیلی سی پہلے تھی یہی دنیا
تم نے نظر جو ملائی، بس گئی دنیا
دل کو ملی جو تمہاری لگن،

دیے جل گئے میری آہ سے

***

گانا نمبر : ۲۳

نغمہ : میری زندگی میں آتے تو کچھ اور بات ہوتی

فلم : کنیادان (۱۹۶۸ء)

نغمہ نگار : حسرت جے پوری

گلوکار : محمد رفیع

موسیقار : شنکر جے کشن

اداکار : ششی کپور، آشا پاریکھ

ان کی زلفیں ان کے چہرے سے ہٹا سکتا نہیں
دل کی بیتابی کسی صورت چھپا سکتا نہیں
کتنی دلکش ہیں محبت کی جواں مجبوریاں
سامنے منزل ہے اور پاؤں بڑھا سکتا نہیں
میری زندگی میں آتے تو کچھ اور بات ہوتی
یہ نصیب جگمگاتے تو کچھ اور بات ہوتی
کئی بار مل چکی ہیں یہ حسین حسین نگاہیں
وہی بیقراریاں ہیں نہ ملیں خوشی کا راہیں
میرے دل سے دل ملاتے تو کچھ اور بات ہوتی
مجھے کیا غرض کسی سے ہنسے پھول یا ستارے

ہیں میری نظر میں پھیکے یہ جواں جواں نظارے
اگر آپ مسکراتے تو کچھ اور بات ہوتی
یہ خوشی رہے سلامت یونہی جشن ہو سہانا
جسے سن رہی ہے دنیا میرے دل کا ہے ترانہ
میرے ساتھ تم بھی گاتے تو کچھ اور بات ہوتی

***

گانا نمبر : ۲۴

نغمہ : رات کے ہمسفر تھک کے گھر کو چلے

فلم : این ایوننگ ان پیرس (۱۹۶۷ء)

نغمہ نگار : شیلیندر

گلوکار : آشا بھوسلے، محمد رفیع

موسیقار : شنکر جے کشن

اداکار : شمی کپور، شرمیلا ٹیگور

رات کے ہم سفر، تھک کے گھر کو چلے
جھومتی آ رہی ہے صبح پیار کی
دیکھ کر سامنے روپ کی روشنی
پھر لوٹی جا رہی ہے صبح پیار کی
سونے والوں کو ہنس کر جگانا بھی ہے
رات کے جاگتوں کو سلانا بھی ہے
دیتی ہے جاگنے کی صدا ساتھ ہی
لوریاں گا رہی ہے صبح پیار کی
رات نے پیار کے جام بھر کر دئے
آنکھوں آنکھوں سے جو میں نے تم نے پیے

ہوش تو اب تلک جا کے لوٹے نہیں
اور کیا لا رہی ہے صبح پیار کی
کیا کیا وعدے ہوئے، کس نے کھائی قسم
اس نئی راہ پر، ہم نے رکھے قدم
چھپ سکا پیار کب، ہم چھپائے تو کیا
سب سمجھ پا رہی ہے صبح پیار کی

***

گانا نمبر : ۲۵

نغمہ : آیا ساون جھوم کے

فلم : آیا ساون جھوم کے (۱۹۶۹ء)

نغمہ نگار : آنند بخشی

گلوکار : لتا منگیشکر، محمد رفیع

موسیقار : لکشمی کانت پیارے لال

اداکار : دھرمیندر، آشا پاریکھ، ارونا ایرانی

بدرا ہائے
بدرا چھائے کہ جھولے پڑ گئے ہائے
کہ میلے لگ گئے مچ گئی دھوم رے
کہ آیا ساون
ہو جھوم کے، آیا ساون جھوم کے
بدرا ہو
بدرا چھائے کہ جھومے پربت ہائے رے
کجرا رے بدریا کو چوم کے
کہ آیا ساون
ہو جھوم کے، آیا ساون جھوم کے

کاہے سامنے سب کے
بلموا تو چھیڑے ظلموا
کاہے پھینکے نظر کی ڈوری
تو لک چھپ کے گوری
کجرا ہائے
کجرا ہائے رے بیری
بکھرا جائے رے میرا
کجرا اوئے مچ گئی دھوم رے
کہ آیا ساون
ہو جھوم کے، آیا ساون جھوم کے
(جانے کس کو کس کی
یاد آئی کہ چلی پروائی)
جانے کس برہن کا
من ترسا کہ پانی برسا
کنگنا ہائے
کنگنا لائے کہ گھر لوٹ کے آئے
رے پردیسی ودیشوا سے گھوم کے
کہ آیا ساون

ہو جھوم کے، آیا ساون جھوم کے
(تیرے سہرے کی ہے یہ
لڑیاں کہ ساون کی جھڑیاں)
یہ ہے مست گھٹاؤں کی
ٹولی کہ تیری ہے ڈولی
دھڑکا جائے
دھڑکا جائے رے میرا منوا ہائے رے
سجنوا کہ مچ گئی دھوم رے
کہ آیا ساون
ہو جھوم کے، آیا ساون جھوم کے
بدرا چھائے کہ جھولے پڑ گئے ہائے
کہ میلے لگ گئے مچ گئی دھوم رے
کہ آیا ساون
ہو جھوم کے، آیا ساون جھوم کے
آیا ساون جھوم کے

***

گانا نمبر : ۲۶

نغمہ : آج کی ملاقات بس اتنی

فلم : بھروسہ (۱۹۶۳ء)

نغمہ نگار : راجندر کرشن

گلوکار : لتا، مہندر کپور

موسیقار : روی

اداکار : گرو دت، آشا پاریکھ

آج کی ملاقات بس اتنی
کر لینا باتیں کل چاہے جتنی
اچھی نہیں ہوتی ہے ضد اتنی
دیکھو ہمیں تم سے ہیں پریت کتنی
پیار جو کیا ہے جتاتے ہو کیوں
بات ایسی ہونٹوں پہ لاتے ہو کیوں
اور ہم جو پوچھیں ستاتے ہو کیوں
ابھی ابھی آئے، اب جاتے ہو کیوں
کبھی کبھی ایسے بھی آیا کرو
چاند نکلے تو گھر جایا کرو

آئینگے جائینگے مرضی سے ہم
پیار ہے تو ناز بھی اٹھایا کرو
ٹھہرو میں دل کو سنبھالوں ذرا
پلکوں میں تم کو چھپا لوں ذرا
سمجھے نا اب تک محبت ہے کیا
آؤ تمہیں یہ بھی سمجھالوں ذرا

***

گانا نمبر : ۲۷

نغمہ للہ : تیرو نام، ایشور تیرو نام

فلم : ہم دونوں (۱۹۶۱ء)

نغمہ نگار : ساحر لدھیانوی

گلوکار : لتا منگیشکر

موسیقار : جے دیو

اداکار : دیو آنند، نندہ، سادھنا

للہ تیرو نام، ایشور تیرو نام
سب کو سنمتی دے بھگوان
اس دھرتی کا روپ نہ اجڑے
پیار کی ٹھنڈی دھوپ نہ اجڑے
سب کو ملے سکھ کا وردان
مانگوں کا سیندور نہ چھوٹے
ماں بہنوں کی آس نہ ٹوٹے
دیہہ بنا بھٹکے نہ پران
او سارے جگ کے رکھوالے
نربل کو بل دینے والے

بلوانوں کو دے دے گیان

***

گانا نمبر : ۲۸

نغمہ : ٹکڑے ہیں میرے دل کے اے یار تیرے آنسو

فلم : میرے صنم (۱۹۶۵ء)

نغمہ نگار : مجروح سلطان پوری

گلوکار : محمد رفیع

موسیقار : او پی نیر

اداکار : بسواجیت، آشا پاریکھ

ٹکڑے ہیں میرے دل کے اے یار تیرے آنسو
دیکھے نہیں جاتے ہیں دلدار تیرے آنسو
قطرے نہیں چھلکے یہ، آنکھوں کے پیالوں سے
موتی ہیں محبت کے ان پھول سے گالوں پہ
بہنے نہیں دوں گا میں بیکار تیرے آنسو
اشکوں سے بھرا دیکھوں کیسے تیری آنکھوں کو
اے جاں یہ سلگتا غم دے دے میری آنکھوں کو
پلکوں پہ اٹھا لوں گا سو بار تیرے آنسو

ٹکڑے ہیں میرے دل کے اے یار تیرے آنسو
دیکھے نہیں جاتے ہیں دلدار تیرے آنسو

***

گانا نمبر : ۲۹

نغمہ : کون ہے جو سپنوں میں آیا

فلم : جھک گیا آسمان (۱۹۶۸ء)

نغمہ نگار : حسرت جے پوری

گلوکار : محمد رفیع

موسیقار : شنکر جے کشن

اداکار : راجندر کمار، سائرہ بانو

کون ہے جو سپنوں میں آیا
کون ہے جو دل میں سمایا
لو جھک گیا آسمان بھی
عشق میرا رنگ لایا
او پریا --- او پریا ---
زندگی کے ہر ایک موڑ پہ میں
گیت گاتا چلا جا رہا ہوں
بےخودی کا یہ عالم نہ پوچھو
منزلوں سے بڑھا جا رہا ہوں
سج گئی آج ساری دشائیں

کھل گئی آج جنت کی راہیں
حسن جب سے میرا ہو گیا ہے
مجھ پہ پڑتی ہیں سب کی نگاہیں
جسم کو موت آتی ہے لیکن
روح کو موت آتی نہیں ہے
عشق روشن ہے، روشن رہے گا
روشنی اس کی جاتی نہیں ہے

***

گانا نمبر : ۳۰

نغمہ : پھول تمہیں بھیجا ہے خط میں

فلم : سرسوتی چندرا (۱۹۶۸ء)

نغمہ نگار : اندیور

گلوکار : لتا منگیشکر، مکیش

موسیقار : کلیان جی آنند جی

اداکار : نوتن، منیش

پھول تمہیں بھیجا ہے خط میں، پھول نہیں میرا دل ہے
پریتم میرے مجھ کو لکھنا، کیا یہ تمہارے قابل ہے
پیار چھپا ہے خط میں اتنا جتنے ساگر میں موتی
چوم ہی لیتا ہاتھ تمہارا پاس جو تم میرے ہوتی
نیند تمہیں تو آتی ہوگی، کیا دیکھا تم نے سپنا
آنکھ کھلی تو تنہائی تھی، سپنا ہو نہ سکا اپنا
تنہائی ہم دور کریں گے، لے آؤ تم شہنائی
پریت بڑھا کر بھول نہ جانا، پریت تمہی نے سکھلائی
خط سے جی بھرتا ہی نہیں، اب نین ملے تو چین ملے
چاند ہمارے آنگن اترے، کوئی تو ایسی رین ملے

ملنا ہو تو کیسے ملیں ہم، ملنے کی صورت لکھ دو
نین بچھائے بیٹھے ہیں ہم، کب آؤ گے خط لکھ دو

***

گانا نمبر : ۳۱

نغمہ : رازِ دل ان سے چھپایا نہ گیا

فلم : اپنا بنا کے دیکھو (۱۹۶۲ء)

نغمہ نگار : اسد بھوپالی

گلوکار : محمد رفیع

موسیقار : روی

اداکار : منوج کمار، آشا پاریکھ

رازِ دل ان سے چھپایا نہ گیا
پیار کی آگ کچھ ایسی بھڑکی
ایک شعلہ بھی دبایا نہ گیا
پہلے پہلے تو مجھے وہ سمجھ بھی نہ سکے
دل کو تڑپاتے رہے مجھ کو ترساتے رہے
آنکھ سے آنکھ کئی بار ملی
دل سے دل پھر بھی ملایا نہ گیا
آنکھ ملتے ہی جھکی، بات ہونٹوں پہ رکی
بے رخی پیار بنی، جیت بھی ہار بنی
کر گئی کام محبت کی نظر

ان سے دامن بھی بچایا نہ گیا

***

گانا نمبر : ۳۲

نغمہ : اکیلے اکیلے کہاں جا رہے ہو

فلم : این ایوننگ ان پیرس (۱۹۶۷ء)

نغمہ نگار : حسرت جے پوری

گلوکار : محمد رفیع

موسیقار : شنکر جے کشن

اداکار : شمی کپور، شرمیلا ٹیگور

اکیلے اکیلے کہاں جا رہے ہو
ہمیں ساتھ لے لو جہاں جا رہے ہو
کوئی مٹ رہا ہے تمہیں کچھ پتا ہے
تمہارا ہوا ہے تمہیں کچھ پتا ہے
یہ کیا ماجرا ہے تمہیں کچھ پتا ہے
اکیلے اکیلے ---
تڑپتا نہ چھوڑو میری جان ہو تم
یہ مکھڑا نہ موڑو میری جان ہو تم
میرا دل نہ توڑو میری جان ہو تم
اکیلے اکیلے ---

کوئی روک لے گا تو پھر کیا کرو گے

قدم تھام لے گا تو پھر کیا کرو گے

خوشامد کرے گا تو پھر کیا کرو گے

اکیلے اکیلے ---

***

گانا نمبر : ۳۳

نغمہ : آگے بھی جانے نہ تو

فلم : وقت (۱۹۶۵ء)

نغمہ نگار : ساحر لدھیانوی

گلوکار : آشا بھونسلے

موسیقار : روی

اداکار : بلراج ساہنی، راجکمار، سنیل دت، ششی کپور، سادھنا، شرمیلا ٹیگور

آگے بھی جانے نہ تو، پیچھے بھی جانے نہ تو
جو بھی ہے بس یہی اک پل ہے
انجانے سایوں کا راہوں میں ڈیرہ ہے
اندیکھی بانہوں نے ہم سب کو گھیرا ہے
یہ پل اجالا ہے، باقی اندھیرا ہے
یہ پل گنوانا نہ، یہ پل ہی تیرا ہے
جانے والے سوچ لے
یہی وقت ہے کر لے پوری آرزو
اس پل کے جلوؤں نے محفل سنواری ہے

اس پل کی گرمی نے دھڑکن ابھاری ہے
اس پل کے ہونے سے دنیا ہماری ہے
یہ پل جو دیکھو تو صدیوں پہ بھاری ہے
جانے والے سوچ لے
یہی وقت ہے کر لے پوری آرزو
اس پل کے سائے میں اپنا ٹھکانا ہے
اس پل کے آگے پھر ہر شئے فسانہ ہے
کل کس نے دیکھا ہے، کل کس نے جانا ہے
اس پل سے پائے گا، جو تجھ کو پانا ہے
جانے والے سوچ لے
یہی وقت ہے کر لے پوری آرزو

***

گانا نمبر : ۳۴

نغمہ : ایک بنجارہ گائے، جیون کے گیت سنائے

فلم : جینے کی راہ (۱۹۶۹ء)

نغمہ نگار : آنند بخشی

گلوکار : محمد رفیع

موسیقار : لکشمی کانت پیارے لال

اداکار : جتیندر، تنوجہ، سنجیو کمار

سنو اک ترانہ، نیا ایک فسانہ
کہ آنگن میں میرے سویرے سویرے
ایک بنجارہ گائے، جیون کے گیت سنائے
ہم سب جینے والوں کو جینے کی راہ بتائے
زمانے والو کتابِ غم میں خوشی کا کوئی فسانہ ڈھونڈو
اگر جینا ہے زمانے میں تو ہنسی کا کوئی بہانہ ڈھونڈو
آنکھوں میں آنسو بھی آئے تو آ کر مسکائے
سبھی کا دیکھو نہیں ہوتا ہے نصیبہ روشن ستاروں جیسا
سیانا وہ ہے جو پت جھڑ میں سجا لے گلشن بہاروں جیسا
کاغذ کے پھولوں کو بھی جو مہکا کر دکھلائے

ایک بنجارہ گائے، جیون کے گیت سنائے
ہم سب جینے والوں کو جینے کی راہ بتائے

***

گانا نمبر : ۳۵

نغمہ : دل کے جھروکے میں تجھ کو بٹھا کر

فلم : برہمچاری (۱۹۶۸ء)

نغمہ نگار : حسرت جے پوری

گلوکار : محمد رفیع

موسیقار : شنکر جے کشن

اداکار : شمی کپور، راجشری، پران

دل کے جھروکے میں تجھ کو بٹھا کر
یادوں کو تیری میں دلہن بنا کر
رکھوں گا میں دل کے پاس
مت ہو میری جان اداس
کل تیرے جلوے پرائے بھی ہوں گے
لیکن جھلک میرے خوابوں میں ہوگی
پھولوں کی ڈولی میں ہوگی تو رخصت
لیکن مہک میرے سانسوں میں ہوگی
اب بھی تیرے سرخ ہونٹوں کے پیالے
میرے تصور میں ساقی بنے ہیں

اب بھی تیری زلف کے مست سائے
برہا کی دھوپ میں ساتھی بنے ہیں
میری محبت کو ٹھکرا دے چاہے
میں کوئی تجھ سے نہ شکوہ کروں گا
آنکھوں میں رہتی ہے تصویر تیری
ساری عمر تیری پوجا کروں گا

***

گانا نمبر : ۳۶

نغمہ : نہ تم ہمیں جانو، نہ ہم تمہیں جانیں

فلم : بات ایک رات کی (۱۹۶۲ء)

نغمہ نگار : مجروح سلطان پوری

گلوکار : سمن کلیان پور، ہیمنت کمار

موسیقار : ایس ڈی برمن

اداکار : دیوآنند، وحیدہ رحمان

نہ تم ہمیں جانو
نہ ہم تمہیں جانیں
مگر لگتا ہے کچھ ایسا
میرا ہمدم مل گیا
یہ موسم یہ رات چپ ہے
وہ ہونٹوں کی بات چپ ہے
خاموش سنانے لگی ہے داستاں
نظر بن گئی ہے دل کی زباں
محبت کے موڑ پہ ہم
ملے سب کو چھوڑ کے ہم

دھڑکتے دلوں کا لے کے یہ کارواں
چلے آج دونوں جانے کہاں

***

گانا نمبر : ۳۷

نغمہ : انصاف کی ڈگر پہ، بچو دکھاؤ چل کے

فلم : گنگا جمنا (۱۹۶۱ء)

نغمہ نگار : شکیل بدایونی

گلوکار : ہیمنت کمار

موسیقار : نوشاد

اداکار : دلیپ کمار، وجینتی مالا، ناصر خان

انصاف کی ڈگر پہ، بچو دکھاؤ چل کے
یہ دیش ہے تمہارا، نیتا تم ہی ہو کل کے
دنیا کے رنج سہنا اور کچھ نہ منہ سے کہنا
سچائیوں کے بل پہ، آگے کو بڑھتے رہنا
رکھ دو گے ایک دن تم، سنسار کو بدل کے
اپنے ہو یا پرائے، سب کے لیے ہو نیائے
دیکھو قدم تمہارا، ہرگز نہ ڈگمگائے
رستے بڑے کھٹن ہیں، چلنا سنبھل سنبھل کے
انسانیت کے سر پہ، عزت کا تاج رکھنا
تن من کی بھینٹ دے کر، بھارت کی لاج رکھنا

جیون نیا ملے گا، انتم چِتا میں جل کے

***

گانا نمبر : ۳۸

نغمہ : کر چلے ہم فدا جان و تن ساتھیو

فلم : حقیقت (۱۹۶۴ء)

نغمہ نگار : کیفی اعظمی

گلوکار : محمد رفیع

موسیقار : مدن موہن

اداکار : بلراج ساہنی، دھریندر، پریہ راجونش

کر چلے ہم فدا جان و تن ساتھیو
اب تمہارے حوالے وطن ساتھیو
سانس تھمتی گئی، نبض جمتی گئی
پھر بھی بڑھتے قدم کو نہ رکنے دیا
کٹ گئے سر ہمارے تو کچھ غم نہیں
سر ہمالیہ کا ہم نے نہ جھکنے دیا
مرتے مرتے رہا بانکپن ساتھیو
اب تمہارے حوالے وطن ساتھیو
زندہ رہنے کے موسم بہت ہیں مگر
جان دینے کی رُت روز آتی نہیں

حسن اور عشق دونوں کو رسوا کرے
وہ جوانی جو خوں میں نہاتی نہیں
آج دھرتی بنی ہے دلہن ساتھیو
اب تمہارے حوالے وطن ساتھیو
راہ قربانیوں کی نہ ویران ہو
تم سجا کے ہی رہنا نئے قافلے
فتح کا جشن اس جشن کے بعد ہے
زندگی موت سے مل رہی ہے گلے
باندھ لو اپنے سر سے کفن ساتھیو
اب تمہارے حوالے وطن ساتھیو
کھینچ دو اپنے خوں سے زمیں پر لکیر
اس طرف آنے پائے نہ راون کوئی
توڑ دو ہاتھ اگر ہاتھ اٹھنے لگے
چھونے پائے نہ سیتا کا دامن کوئی
رام بھی تم، تمہی لکشمن ساتھیو
اب تمہارے حوالے وطن ساتھیو

***

گانا نمبر : ۳۹

نغمہ : یہ میرا پریم پتر پڑھ کر کہ تم ناراض نہ ہونا

فلم : سنگم (۱۹۶۴ء)

نغمہ نگار : حسرت جے پوری

گلوکار : محمد رفیع

موسیقار : شنکر جے کشن

اداکار : راج کپور، وجینتی مالا، راجندر کمار

مہرباں لکھوں، حسینہ لکھوں یا دلربا لکھوں
حیراں ہوں کہ آپ کو اس خط میں کیا لکھوں
یہ میرا پریم پتر پڑھ کر کہ تم ناراض نہ ہونا
کہ تم میری زندگی ہو، کہ تم میری بندگی ہو
تجھے میں چاند کہتا تھا، مگر اس میں بھی داغ ہے
تجھے سورج میں کہتا تھا، مگر اس میں بھی آگ ہے
تجھے اتنا ہی کہتا ہوں کہ مجھ کو تم سے پیار ہے
--- کہ مجھ کو تم سے پیار ہے
تجھے گنگا میں سمجھوں گا، تجھے جمنا میں سمجھوں گا
تو دل کے پاس ہے اتنی، تجھے اپنا میں سمجھوں گا

اگر مر جاؤں ، روح بھٹکے گی تیرے انتظار میں، انتظار میں
یہ میرا پریم پتر پڑھ کر کہ تم ناراض نہ ہونا
کہ تم میری زندگی ہو، کہ تم میری بندگی ہو

***

گانا نمبر : ۴۰

نغمہ : روپ تیرا مستانہ، پیار میرا دیوانہ

فلم : آرادھنا (۱۹۶۹ء)

نغمہ نگار : آنند بخشی

گلوکار : کشور کمار

موسیقار : ایس ڈی برمن

اداکار : شرمیلا ٹیگور، راجیش کھنہ

روپ تیرا مستانہ، پیار میرا دیوانہ
بھول کوئی ہم سے نہ ہو جائے
رات نشیلی، مست سماں ہے
آج نشہ میں سارا جہاں ہے
ہائے، شرابی موسم بہکائے
آنکھوں سے آنکھیں ملتی ہیں ایسے
بے چین ہو کے، طوفان میں جیسے
موج کوئی ساحل سے ٹکرائے
روک رہا ہے ہم کو زمانہ
دور ہی رہنا، پاس نہ آنا

کیسے مگر کوئی دل کو سمجھائے

روپ تیرا مستانہ، پیار میرا دیوانہ

***

گانا نمبر : ۴۱

نغمہ : جب چلی ٹھنڈی ہوا

فلم : دو بدن (۱۹۶۶ء)

نغمہ نگار : شکیل بدایونی

گلوکار : آشا بھونسلے

موسیقار : روی

اداکار : آشا پاریکھ، منوج کمار

جب چلی ٹھنڈی ہوا، جب اٹھی کالی گھٹا
مجھ کو اے جانِ وفا تم یاد آئے
زندگی کی دوستی، چاہے کتنی ہو حسیں
بن تمہارے کچھ نہیں
کیا مزہ آتا صنم، آج بھولے سے کہیں
تم بھی آ جاتے یہیں
یہ بہاریں یہ فضا، دیکھ کر او دلربا
جانے کیا دل کو ہوا، تم یاد آئے
یہ نظارے یہ سماں اور پھر اتنے جواں
ہائے رے یہ مستیاں

ایسا لگتا ہے مجھے جیسے تم نزدیک ہو
اس چمن سے جانِ جاں
سن کے پی پی کی صدا، دل دھڑکتا ہے میرا
آج پہلے سے سوا، تم یاد آئے

***

گانا نمبر : ۴۲

نغمہ : چل اکیلا، چل اکیلا، راہی چل اکیلا

فلم : سمبندھ (۱۹۶۹ء)

نغمہ نگار : پردیپ

گلوکار : مکیش

موسیقار : او۔ پی۔ نیر

اداکار : دیب مکرجی، انجنا ممتاز

چل اکیلا، چل اکیلا، چل اکیلا
تیرا میلہ پیچھے چھوٹا، راہی چل اکیلا
ہزاروں میل لمبے راستے تجھ کو بلاتے
یہاں دکھڑے سہنے کے واسطے تجھ کو بلاتے
ہے کون سا وہ انسان یہاں پر جس نے دکھ نہ جھیلا
تیرا کوئی ساتھ نہ دے تو تو خود سے پریت جوڑ لے
بچھونا دھرتی کو کر کے ارے آکاش اوڑھ لے
یہاں پورا کھیل ابھی جیون کا تو نے کہاں ہے کھیلا

***

گانا نمبر : ۴۳

نغمہ : سجن رے جھوٹ مت بولو

فلم : تیسری قسم (۱۹۶۶ء)

نغمہ نگار : شیلندر

گلوکار : مکیش

موسیقار : شنکر جے کشن

اداکار : راج کپور، وحیدہ رحمان

سجن رے جھوٹ مت بولو
خدا کے پاس جانا ہے
نہ ہاتھی ہے نہ گھوڑا ہے
وہاں پیدل ہی جانا ہے
تمہارے محل چوبارے
یہیں رہ جائیں گے سارے
اکڑ کس بات کی پیارے
یہ سر پھر بھی جھکانا ہے
بھلا کیجے بھلا ہو گا
برا کیجے برا ہو گا

بہی　لکھ　لکھ　کے　کیا　ہو گا
یہیں　سب　کچھ　چکانا　ہے
لڑکپن　کھیل　میں　کھویا
جوانی　نیند　بھر　سویا
بڑھاپا　دیکھ　کر　رویا
وہی　قصہ　پرانا　ہے

***

گانا نمبر : ۴۴

نغمہ : تم نے مجھے دیکھا ہو کر مہرباں

فلم : تیسری منزل (۱۹۶۶ء)

نغمہ نگار : مجروح سلطان پوری

گلوکار : محمد رفیع

موسیقار : آر ڈی برمن

اداکار : آشا پاریکھ، شمی کپور

تم نے مجھے دیکھا ہو کر مہرباں
رک گئی یہ زمیں، تھم گیا آسماں
جانِ من ، جانِ جاں
کہیں درد کے صحرا میں رکتے چلتے ہوتے
ان ہونٹوں کی حسرت میں تپتے جلتے ہوتے
مہرباں ہو گئیں زلف کی بدلیاں
جانِ من ، جانِ جاں
لے کر یہ حسیں جلوے، تم بھی نہ کہاں پہنچے
آخر کو میرے دل تک قدموں کے نشاں پہنچے
ختم سے ہو گئے راستے سب یہاں

جانِ من ، جانِ جاں

***

گانا نمبر : ۴۵

نغمہ : او صنم تیرے ہو گئے ہم

فلم : آئی ملن کی بیلا (۱۹۶۴ء)

نغمہ نگار : شیلندر

گلوکار : محمد رفیع، لتا منگیشکر

موسیقار : شنکر جے کشن

اداکار : راجندر کمار، سائرہ بانو

او صنم تیرے ہو گئے ہم
پیار میں تیرے کھو گئے ہم
زندگی کو اے ہمدم، آ گیا مسکرانا
او صنم تیرے ہو گئے ہم، پیار میں تیرے کھو گئے ہم
مل گیا مجھ کو اے صنم، زندگی کا بہانہ
دو بھٹکتے راہی آ ملے منزل پر
دو دلوں کی کشتی آ لگی ساحل پر
مسکراتے جاگے ایک سنگ دو مقدر
رات چپ سنتی ہے یہ حسیں افسانہ
دیکھتے ہیں تارے بس گیا ویرانہ

چاند کو شرما دے آپ کا شرمانا
سونے پن میں اچانک کوئی پنچھی بولا
جاگ کر سپنے سے دل کسی کا ڈولا
رات کی رانی کا کس نے گھونگھٹ کھولا

***

گانا نمبر : ۴۶

نغمہ : میرے دشمن تو میری دوستی کو ترسے

فلم : آئے دن بہار کے (۱۹۶۶ء)

نغمہ نگار : آنند بخشی

گلوکار : محمد رفیع

موسیقار : لکشمی کانت پیارے لال

اداکار : دھرمیندر ، آشا پاریکھ

میرے دل سے ستمگر ، تُو نے اچھی دل لگی کی ہے
کہ بن کے دوست ، اپنے دوستوں سے دشمنی کی ہے
میرے دشمن تو میری دوستی کو ترسے
مجھے غم دینے والے تُو خوشی کو ترسے
تُو پھول بنے پت جھڑ کا ، تجھ پہ بہار نہ آئے کبھی
میری ہی طرح تُو تڑپے ، تجھ کو قرار نہ آئے کبھی
جیے تُو اس طرح کہ زندگی کو ترسے
اتنا تو اثر کر جائیں میری وفائیں، او بے وفا
ایک روز تجھے یاد آئیں اپنی جفائیں، او بے وفا
پشیمان ہو کے روئے ، تو ہنسی کو ترسے

تیرے گلشن سے زیادہ ویراں کوئی ویرانہ نہ ہو
اس دنیا میں کوئی تیرا اپنا تو کیا ، بیگانہ نہ ہو
کسی کا پیار کیا، تُو بے رُخی کو ترسے
میرے دشمن تو میری دوستی کو ترسے
میرے دشمن تو ---

***

۱۹۷۰ - گانا نمبر : ۰۱

نغمہ : دئے جلتے ہیں، پھول کھلتے ہیں

فلم : نمک حرام (۱۹۷۳ء)

نغمہ نگار : آنند بخشی

گلوکار : کشور کمار

موسیقار : آر ڈی برمن

اداکار : راجیش کھنہ، ایتابھ بچن، سیمی گریوال، ریکھا

دئے جلتے ہیں، پھول کھلتے ہیں
بڑی مشکل سے مگر، دنیا میں لوگ ملتے ہیں
جب جس وقت کسی کا، یار جدا ہوتا ہیں
کچھ نہ پوچھو یارو دل کا، حال برا ہوتا ہے
دل پہ یادوں کے جیسے، تیر چلتے ہیں
دئے جلتے ہیں

دولت اور جوانی، ایک دن کھو جاتی ہے
سچ کہتا ہوں، ساری دنیا دشمن بن جاتی ہے
عمر بھر دوست لیکن، ساتھ چلتے ہیں

دیے جلتے ہیں
اس رنگ دھوپ پہ دیکھو، ہرگز ناز نہ کرنا
جان بھی مانگے، یار تو دے دینا، ناراض نہ کرنا
رنگ اڑ جاتے ہیں، دھوپ ڈھلتے ہی
دیے جلتے ہیں

***

گانا نمبر : ۰۲

نغمہ : چپکے چپکے چل ری پروائیاں

فلم : چپکے چپکے (۱۹۷۵ء)

نغمہ نگار : آنند بخشی

گلوکار : لتا منگیشکر

موسیقار : ایس ڈی برمن

اداکار : دھرمیندر، امیتابھ بچن، شرمیلا ٹیگور، جیہ بہادری

چپکے چپکے چل ری پروائیاں
بانسری بجائے
راس رچائے دئیا ری دئیا
گوپیوں سنگ کنہیا
پاگل پَوَن سے کیسے کوئی بولے
گوری کے مکھ سے گھونگھٹا نہ کھولے
ڈولے ہَولے سے من کی نیا
گوپیوں سنگ کنہیا
یہ کیا ہوا مجھ کو کیا ہے یہ پہیلی
ایسے جیسے کہ کوئی رادھا کی سہیلی

میں بھی ڈھونڈوں کدمب کی چھیا
گوپیوں سنگ کنہیا
ایسے سمے پہ کوئی چپ بھی رہے کیسے
باندھ لیے رت نے پگ میں گھنگھرو جیسے
ناچے من تا تھیا تا تھیا
گوپیوں سنگ کنہیا

***

گانا نمبر : ۰۳

نغمہ : اللہ ہی اللہ کر پیارے بھائی

فلم : پوتر پاپی (۱۹۷۰ء)

نغمہ نگار : پریم دھون

گلوکار : محمد رفیع

موسیقار : پریم دھون

اداکار : بلراج ساہنی، پریکشت ساہنی، تنوجہ

اللہ ہی اللہ کر پیارے بھائی
اللہ ہی اللہ
او ٹھنڈی آہیں نہ بھر پیارے
اللہ ہی اللہ کر پیارے بھائی
ہو کوئی ایسی رات نہیں ہے
جس کا ہوتا نہیں سویرا
ہو کانٹوں کا دکھ ہو جھیلنے والے
پھولوں پر بھی حق ہے تیرا
سکھ دے چاہے دکھ دے داتا
ہنس کے جھولی بھر پیارے بھئی

اللہ ہی اللہ کر پیارے بھئی
جو تیرے دل میں کھوٹ نہیں
اپنے کیے پہ کیوں پچھتانا
بانٹ لے درد کسی کا جگ میں
اور یہاں سے کیا لے جانا
جب تک صاف ہے دل کا شیشہ
دنیا سے نہ ڈر پیارے بھائی
اللہ ہی اللہ کر پیارے بھائی
اللہ ہی اللہ، مولا ہی مولا ہو
او کیا جانے کب سپنے ٹوٹیں
اجڑ جائے خوشیوں کا میلہ
اور کب یہ قسمت چھوڑ دے
تجھ کو لا کے دوراہوں پہ اکیلا
کتنے موڑ ابھی ہیں باقی
کس کو ہے یہ خبر پیارے بھئی
اللہ ہی اللہ کر پیارے بھائی
اللہ ہی اللہ، مولا ہی مولا ہو
کبھی کبھی اس دنیا میں یارو

ایسے فرشتے بھی آتے ہیں
کسی کو اپنا سب کچھ دے کے
خالی ہاتھ چلے جاتے ہیں
جیسے سکھ کی چھایا دے کر
بادل جائیں بکھر پیارے
اللہ ہی اللہ کر پیارے بھئی
اللہ ہی اللہ
او ٹھنڈی آہیں نہ بھر پیارے
اللہ ہی اللہ کر پیارے بھائی
اللہ ہی اللہ، مولا ہی مولا ہو

***

گانا نمبر : ۰۴

نغمہ : بہنا نے بھائی کی کلائی سے پیار باندھا ہے

فلم : ریشم کی ڈوری (۱۹۷۴ء)

نغمہ نگار : اندیور

گلوکار : سمن کلیان پور

موسیقار : شنکر جے کشن

اداکار : سائرہ بانو، دھریندر

بہنا نے بھائی کی کلائی سے پیار باندھا ہے
پیار کے دو تار سے سنسار باندھا ہے
ریشم کی ڈوری سے سنسار باندھا ہے
سندرتا میں جو کنہیا ہے
ممتا میں یشودا میا ہے
وہ اور نہیں دوجا کوئی
وہ تے میرا راجہ بھیا ہے
میرا پھول ہے تو، تلوار ہے تو
میری لاج کا پہریدار ہے تو
میں اکیلی کہاں اس دنیا میں

میرا سارا سنسار ہے تو
ہمیں دور بھلے قسمت کر دے
اپنے من سے نہ جدا کرنا
ساون کے پوَن دن بھیا
بہنا کو یاد کیا کرنا
راکھی کے تار میں لپٹی دعا
ٹالے گی ہمیشہ بلا تیری
تو کہیں بھی رہے میں کہیں بھی رہوں
تیرے ساتھ رہے گی دعا میری

***

گانا نمبر : ۰۵

نغمہ : راتوں کے سائے گھنے

فلم : ان داتا (۱۹۷۲ء)

نغمہ نگار : یوگیش

گلوکار : لتا منگیشکر

موسیقار : سلیل چودھری

اداکار : جیا بہادری، انیل دھون

راتوں کے سائے گھنے جب بوجھ دل پر بنے
نہ تو جلے بتی، نہ ہو کوئی ساتھی
پھر بھی نہ ڈر اگر بجھے دیے
سحر تو ہے تیرے لیے
جب بھی مجھے کبھی کوئی جو غم گھیرے
لگتا ہے ہوں گے نہیں سپنے یہ پورے میرے
کہتا ہے دل مجھ کو مانا ہے غم تجھ کو
جب نہ چمن کھلے میرا بہاروں میں
جب ڈوبنے میں لگوں راتوں کے منجھدھاروں میں
مایوس من ڈولے پر یہ گگن بولے

جب زندگی کسی طرح بہلتی نہیں
خاموشیوں سے بھری جب رات ڈھلتی نہیں
تب مسکراؤں میں، یہ گیت گاؤں میں

***

گانا نمبر : ۰۶

نغمہ : کبھی کبھی سپنا لگتا ہے

فلم : رتن دیپ (۱۹۷۹ء)

نغمہ نگار : گلزار

گلوکار : آشا بھوسلے، کشور

موسیقار : آر ڈی برمن

اداکار : ہیما مالینی، گریش کرناڈ

کبھی کبھی سپنا لگتا ہے
کبھی یہ سب اپنا لگتا ہے
تم سمجھا دو من کو کیا سمجھاؤں
مجھے اگر بانہوں میں بھر لو
شاید تم کو چین ملے
چین تو اس دن کھویا میں نے
جس دن تم سے نین ملے
پھر بھی یہ اچھا لگتا ہے
مگر ابھی سپنا لگتا ہے
تم سمجھا دو من کو کیا سمجھاؤں

چہرے پر ہے اور ایک چہرہ، کیسے اسے ہٹاؤں
میرا سچ گر تم اپنا لو، جنم جنم تر جاؤں
ایسے سب سچا لگتا ہے، سب کا سب سپنا لگتا ہے
تم سمجھا دو من کو کیا سمجھاؤں

***

گانا نمبر : ۰۷

نغمہ : آہا آہا اے یہ سہانا سفر

فلم : سہانا سفر (۱۹۷۰ء)

نغمہ نگار : آنند بخشی

گلوکار : محمد رفیع

موسیقار : لکشمی کانت پیارے لال

اداکار : ششی کپور، شرمیلا ٹیگور

آہا آہا اے یہ سہانا سفر
رکتی نہیں ہے نظاروں پہ نظر
ہو ہوائیں جھوم رہی ہیں
گلوں کو چم رہی ہیں
روکوں دل کو میں کیسے، ایسے اڑا جائے جیسے
مانگ لیے ہوں کسی پنچھی سے پر
ہو مسافر چلتا ہی جائے
کبھی بھی منزل نہ آئے
دھیرے دھیرے ہولے ہولے مجھ سے یہ دل بولے
کٹ جائے رستے میں ساری عمر

ہو مجھے یہ راہ نہ بھلا دے
کہیں یہ اور نہ پہنچا دے
کیسی ہے یہ متوالی لمبی لمبی کالی کالی
زلف کسی کی ہے یا یہ ڈگر

***

گانا نمبر : ۰۸

نغمہ : سچائی چھپ نہیں سکتی بناوٹ کے اصولوں سے

فلم : دشمن (۱۹۷۲ء)

نغمہ نگار : آنند بخشی

گلوکار : کشور کمار

موسیقار : لکشمی کانت پیارے لال

اداکار : مینا کماری، راجیش کھنہ، ممتاز

سچائی چھپ نہیں سکتی بناوٹ کے اصولوں سے
کہ خوشبو آ نہیں سکتی کبھی کاغذ کے پھولوں سے
میں انتظار کروں، یہ دل نثار کروں
میں تجھ سے پیار کرں، ہو مگر کیسے اعتبار کروں
جھوٹا ہے تیرا وعدہ
وعدہ تیرا وعدہ، وعدہ تیرا وعدہ
وعدے پہ تیرے مارا گیا بندہ میں سیدھا سادہ
تمہاری زلف ہے یا سڑک کا موڑ ہے یہ
تمہاری آنکھ ہے یا نشہ کا توڑ ہے یہ
کہا کب کیا کسی سے تمہیں کچھ یاد نہیں

ہمارے سامنے ہے ہمارے بعد نہیں
کتاب حسن میں تو وفا کا نام نہیں
ارے محبت تم کرو گی تمہارا کام نہیں
اگرچہ خوب ہو تم میری محبوب ہو تم
نگاہِ غیر سے بھی مگر منسوب ہو تم
کسی شاعر سے پوچھو غزل ہو یا رباعی
بھری ہے شاعری میں تمہاری بےوفائی
ہو دامن میں تیرے پھول ہیں کم اور کانٹے ہیں زیادہ
ترانے جانتی ہے، فسانے جانتی ہے
کئی دل توڑنے کے بہانے جانتی ہے
کہیں پہ سوز ہے تو کہیں پہ ساز ہے تو
جسے سمجھا نہ کوئی وہی ایک راز ہے تو
کبھی تو روٹھ بیٹھی کبھی تو مسکرائی
ارے کسی سے کی محبت کسی سے بےوفائی
اڑائے ہوش توبہ تیری آنکھیں شرابی
زمانہ میں ہوئی ہے انہی سے ہر خرابی
بلائے چھاؤں کوئی پکارے دھوپ کوئی
تیرا ہے رنگ کوئی تیرا ہے روپ کوئی

ہو کچھ فرق نہیں نام تیرا رضیہ ہو یا رادھا

***

گانا نمبر : ۰۹

نغمہ : مدھوبن خوشبو دیتا ہے، ساگر ساون دیتا ہے

فلم : ساجن بنا سہاگن (۱۹۷۸ء)

نغمہ نگار : اندیور

گلوکار : یسوداس

موسیقار : اوشا کھنہ

اداکار : راجندر کمار، نوتن

مدھوبن خوشبو دیتا ہے ، ساگر ساون دیتا ہے
جینا اس کا جینا ہے، جو اوروں کو جیون دیتا ہے
سورج نہ بن پائے تو بن کے دیپک جلتا چل
پھول ملیں یا انگارے نرے، سچ کی راہوں پہ چلتا چل
پیار دلوں کو دیتا ہے، اشکوں کو دامن دیتا ہے
جینا اس کا جینا ہے، جو اوروں کو جیون دیتا ہے
چلتی ہے لہراکے پون کے سانس سبھی کی چلتی رہے
لوگوں نے تیاگ دیئے جیون، کہ پریت دلوں میں پلتی رہے
دل وہ دل ہے جو اوروں کو اپنی دھڑکن دیتا ہے

جینا اس کا جینا ہے، جو اوروں کو جیون دیتا ہے

***

گانا نمبر : ۱۰

نغمہ : چل مسافر تیری منزل دور ہے تو کیا ہوا

فلم : گنگا کی سوگندھ (۱۹۷۸ء)

نغمہ نگار : انجان

گلوکار : محمد رفیع

موسیقار : کلیان جی آنند جی

اداکار : امیتابھ بچن، ریکھا، امجد خان، پران

نہ ہو مایوس ٹوٹے گی کبھی ظلموں کی زنجیریں
الٹ جائیں گی تدبیریں، بدل جائیں گی تقدیریں
چل مسافر تیری منزل دور ہے تو کیا ہوا
آج تیرا پاؤں تھک کر چور ہے تو کیا ہوا
چل مسافر چل ---
یہ دھواں یہ دھندلی راہیں یہ اندھیروں کی گھٹن
ان اندھیروں سے ہی لپٹی ہے اجالے کی کرن
وہ کرن جو آج تک بےنور ہے تو کیا ہوا
چل مسافر چل ---
زندگی سے جو نہ ہارے، وہ سنوارے زندگی

ٹھوکریں کھا کر ہی بنتا ہے آدمی
آزمائش کا یہی دستور ہے تو کیا ہوا
چل مسافر چل ---
تیرے ماتھے کے پسینے میں ہے گنگا کی لہر
تیری محنت سے زمین پر سورگ آئے گا اتر
کرم یوگی نام سے مزدور ہے تو کیا ہوا
چل مسافر تیری منزل دور ہے تو کیا ہوا
آج تیرا پاؤں تھک کر چور ہے تو کیا ہوا
چل مسافر چل ---

***

گانا نمبر : ۱۱

نغمہ : تم جانو یا ہم جانیں

فلم : کالی چرن (۱۹۷۶ء)

نغمہ نگار : رویندر جین

گلوکار : محمد رفیع، آشا بھونسلے

موسیقار : کلیان جی آنند جی

اداکار : شتروگھن سنہا، رینا رائے، اجیت، ڈینی

ارے بار بار او بار بار
تم کو ہم سب کا پرنام
تم کتنے بڑے ہو ہاں
کتنے مہان ہو ہاں کتنے مہان
یہ لوگ بھلا کیا پہچانیں
تم جانو تم جانو یا ہم جانیں
تم کو بھولے ناتھ کہیں
یا بھولے چکردھاری
بولو بھوے چکردھاری
ہے تیرے چکر تو ہی جانے

کیا جانے یہ جنتا بے چاری
جئے جئے گووردھن گردھاری
ہے ماری گئی جنتا بے چاری
جئے جئے مکھن چور مراری
تیرے روپ ہیں ہزار زیادہ
کہنا ہے بیکار
کیوں ہے تیری جئے جئے کار
یہ لوگ بھلا کیا پہچانیں
تم جانو تم جانو یا ہم جانیں
ہو جھوم جھوم جھوم جھوم
آئی دیکھو برکھا بہار
دیکھو برکھا بہار ہو
کون کون کس پہ گیا ہے دل ہار
ہاں گیا ہے دل ہار
یہ لوگ بھلا کیا پہچانیں
تم جانو تم جانو یا ہم جانیں
او ہو میں ہوں تیری تو ہے میرا
میں ہوں تیری پیاسی دھرتی

گیت ہے تو ساون کا
تیرے پریم کا رس برسے تو
رنگ بدلے جیون کا
تیری میری ملاقات نہیں
کل کی یہ بات
یہ تو صدیوں کا ساتھ
یہ لوگ بھلا کیا پہچانیں
تم جانو تم جانو یا ہم جانیں
یہ تم جانو تم جانو یا ہم جانیں

***

گانا نمبر : ۱۲

نغمہ : کیسے کہیں ہم پیار نے ہم کو کیا کیا کھیل دکھائے

فلم : شرمیلی (۱۹۷۱ء)

نغمہ نگار : آنند بخشی

گلوکار : کشور کمار

موسیقار : آر ڈی برمن

اداکار : ششی کپور، راکھی

کیسے کہیں ہم پیار نے ہم کو کیا کیا کھیل دکھائے
یوں شرمائی قسمت ہم سے، خود سے ہم شرمائے
باغوں کو تو پت جھڑ لوٹے، لوٹا ہمیں بہار نے
دنیا مرتی موت سے لیکن مارا ہم کو پیار نے
اپنا وہ حال ہے، بیچ سفر میں جیسے کوئی لوٹ جائے
تم کیا جانو، کیا چاہا تھا، کیا لے کر آئے ہم
ٹوٹے سپنے، گھائل نغمے، کچھ شعلے کچھ شبنم
کتنا کچھ ہے پایا ہم نے، کہیں تو کہا نہ جائے

ایسی بجی شہنائی گھر میں، اب تک سو نہ سکے ہم
اپنوں نے ہم کو اتنا ستایا، روئے تو رو نہ سکے ہم
اب تو کرو کچھ ایسا یارو، ہوش نہ ہم کو آئے

***

گانا نمبر : ۱۳

نغمہ : ہم تو چلے پردیس ، ہم پردیسی ہو گئے

فلم : سرگم (۱۹۷۹ء)

نغمہ نگار : آنند بخشی

گلوکار : محمد رفیع

موسیقار : لکشمی کانت پیارے لال

اداکار : رشی کپور، جیا پردا

ہو راما ہو

ہم تو چلے پردیس ہم پردیسی ہو گئے

چھوٹا اپنا دیس ہم پردیسی ہو گئے

لاگی دل پر ٹھیس

ہم تو چلے پردیس ہم پردیسی ہو گئے

یہ گلیاں، پنگھٹ، یہ مندر

برسوں پرانا، برسوں پرانا

کل تک یہ سب اپنا تھا

اب لگتا ہے بیگانہ

بدلا جگ نے بھیس، ہم پردیسی ہو گئے

اے پنچھی، ہم قسمت کے ماروں کو بھول نہ جانا
آتے جاتے خیر خبر، سب لوگوں کی دے جانا
لے جانا سندیس، ہم پردیسی ہو گئے

***

گانا نمبر : ۱۴

نغمہ : گاڑی بلا رہی ہے، سیٹی بجا رہی ہے

فلم : دوست (۱۹۷۴ء)

نغمہ نگار : آنند بخشی

گلوکار : کشور کمار

موسیقار : لکشمی کانت پیارے لال

اداکار : دھرمیندر، شتروگھن سنہا، ہیما مالنی

گاڑی بلا رہی ہے ، سیٹی بجا رہی ہے
چلنا ہی زندگی ہے، چلتی ہی جا رہی ہے
دیکھو وہ ریل، بچوں کا کھیل
سیکھو سبق جوانو
سر پہ ہے بوجھ، سینے میں آگ
لب پہ دھواں ہے جانو
پھر بھی یہ گا رہی ہے، نغمے سنا رہی ہے
گاڑی بلا رہی ہے، سیٹی بجا رہی ہے
آگے طوفان، پیچھے برسات
اوپر گگن پہ بجلی

سوچے نہ بات دن ہو کہ رات
سگنل ہوا کہ نکلی
دیکھو وہ آ رہی ہے، دیکھو وہ جا رہی ہے
گاڑی بلا رہی ہے، سیٹی بجا رہی ہے
آتے ہیں لوگ، جاتے ہیں لوگ
پانی کے جیسے ریلے
جانے کے بعد آتے ہیں یاد
گزرے ہوئے وہ میلے
یادیں مٹا رہی ہے، یادیں بنا رہی ہے
گاڑی بلا رہی ہے، سیٹی بجا رہی ہے
سن یہ پیغام، یہ ہے سنگرام
جیون نہیں ہے سپنا
دریا کو پھاند، پربت کو چیر
رستہ بنا لے اپنا
نیندیں اڑا رہی ہے، جاگو جگا رہی ہے
گاڑی بلا رہی ہے، سیٹی بجا رہی ہے
گاڑی کو دیکھ کیسی ہے نیک
اچھا برا نہ دیکھے

سب ہیں سوار، دشمن کہ یار
سب کو چلی یہ لے کے
جینا سکھا رہی ہے، مرنا سکھا رہی ہے
گاڑی بلا رہی ہے، سیٹی بجا رہی ہے
گاڑی کا نام نہ کر بدنام
پٹری پہ رکھ کے سر کو
ہمت نہ ہار، کر انتظار
آ لوٹ جائیں گھر کو
یہ رات جا رہی ہے، وہ صبح آ رہی ہے
گاڑی بلا رہی ہے، سیٹی بجا رہی ہے

***

گانا نمبر : ۱۵

نغمہ : ہر طرف اب یہی افسانے ہیں

فلم : ہندوستان کی قسم (۱۹۷۳ء)

نغمہ نگار : کیفی اعظمی

گلوکار : مناڈے

موسیقار : مدن موہن

اداکار : راجکمار، پریہ راج ونش

ہر طرف اب یہی افسانے ہیں
ہم تیری آنکھوں کے دیوانے ہیں
کتنی سچائی ہے ان آنکھوں میں
کھوٹے سکے بھی کھرے ہو جائیں
تو کبھی پیار سے دیکھے جو ادھر
سوکھے جنگل بھی ہرے ہو جائیں
باغ بن جائے جو ویرانے ہیں
ایک ہلکا سا اشارہ ان کا
کبھی دل اور کبھی جاں لوٹے گا
کس طرح پیاس بجھے گی اس کی

کس طرح اس کا نشہ ٹوٹے گا
جس کی قسمت میں یہ پیمانے ہیں
نیچی نظروں میں ہے کتنا جادو
ہو گئے پل میں کئی خواب جواں
کبھی اٹھنے کبھی جھکنے کی ادا
لے چلی جانے کدھر، جانے کہاں
راستے پیار کے انجانے ہیں

***

گانا نمبر : ۱٦

نغمہ : ڈفلی والے ڈفلی بجا

فلم : سرگم (۱۹۷۹ء)

نغمہ نگار : آنند بخشی

گلوکار : لتا منگیشکر، محمد رفیع

موسیقار : لکشمی کانت پیارے لال

اداکار : رشی کپور، جیا پردا

ڈفلی والے ڈفلی بجا
میرے گھنگھرو بلاتے ہیں، آ
میں ناچوں، تو نچا
تیرے بن میں کیا، میرے بن تو کیا
ایک دوجے بن ہم اکیلے
دونوں کے من سے، من کے ملن سے
لگتے ہیں سرگم میلے
تو توڑے کہ جوڑے
تو رکھے کہ چھوڑے
یہ دل کیا تیرے حوالے

تیری چھم چھم سے میری ڈم ڈم سے
کیا رنگ چھانے لگا ہے
آنکھوں کے رستے، تو ہنستے ہنستے
دل میں سمانے لگا ہے
انہیں بھی دکھاؤ، انہیں بھی بلاؤ
کہاں یہ ہے یہ دنیا والے

***

گانا نمبر : ۱۷

نغمہ : مچل کے جب بھی آنکھوں سے چھلک جاتے ہیں

فلم : گرہا پرویش (۱۹۷۹ء)

نغمہ نگار : گلزار

گلوکار : بھوپیندر

موسیقار : کانو رائے

اداکار : شرمیلا ٹیگور، سنجیو کمار، ساریکا

مچل کے جب بھی آنکھوں سے چھلک جاتے ہیں دو آنسو
سنا ہے آبشاروں کو بڑی تکلیف ہوتی ہے
خدارا اب تو بجھ جانے دو اس جلتی ہوئی لو کو
چراغوں سے مزاروں کو بڑی تکلیف ہوتی ہے
کہوں کیا وہ بڑی معصومیت سے پوچھ بیٹھے ہیں
کیا سچ مچ دل کے ماروں کو بڑی تکلیف ہوتی ہے
تمہارا کیا تمہیں تو راہ دے دیتے ہیں کانٹے بھی

مگر ہم خاکساروں کو بڑی تکلیف ہوتی ہے

***

گانا نمبر : ۱۸

نغمہ : دل کو دیکھو چہرہ نہ دیکھو، دل سچا اور چہرہ جھوٹا

فلم : سچا جھوٹا (۱۹۷۰ء)

نغمہ نگار : اندیور

گلوکار : کشور کمار

موسیقار : کلیان جی آنند جی

اداکار : راجیش کھنہ، ممتاز، ونود کھنہ

دل کو دیکھو، چہرہ نہ دیکھو
چہرے نے لاکھوں کو لوٹا
ہاں، دل سچا اور چہرہ جھوٹا
دل سچا اور چہرہ جھوٹا
جو اپنی سچی صورت دکھا دیں
ایسے نہیں دنیا والے
سب نے ہی اپنے چہروں کے آگے
جھوٹ کے پردے ہیں ڈالے

میٹھی ہونٹوں پہ بات، دل میں رہتی ہے کھات
دل کا ہونٹوں سے ناتا ہی جھوٹا
ہاں، دل سچا اور چہرہ جھوٹا
دل سچا اور چہرہ جھوٹا
تن سے تو آزاد ہم ہو گئے ہیں
من سے گئی نہ غلامی
پردیسی بھاشا اور ویش کو ہی
دیتے ہیں اب تک سلامی
بھول کر اپنا رنگ، سیکھے اوروں کا ڈھنگ
اپنے پن کا چلن ہم سے چھوٹا
ہاں، دل سچا اور چہرہ جھوٹا
دل سچا اور چہرہ جھوٹا
مرضی تمہاری تم کچھ بھی سمجھو
جو ہم ہیں وہ ہم ہی جانیں
رنگ روپ دیکھے تو دیکھے زمانہ
ہم پیار کے ہیں دیوانے
پوجے دھن کو سنسار، ہمیں من سے ہے پیار
دھن کسی بات پر ہم سے روٹھا

ہاں، دل سچا اور چہرہ جھوٹا
دل سچا اور چہرہ جھوٹا

***

گانا نمبر : ۱۹

نغمہ : میں نہ بھولوں گا

فلم : روٹی کپڑا اور مکان (۱۹۷۴ء)

نغمہ نگار : سنتوش آنند

گلوکار : لتا منگیشکر، مکیش

موسیقار : لکشمی کانت پیارے لال

اداکار : منوج کمار، ششی کپور، زینت امان، موسمی چٹرجی، ایتابھ بچن

میں نہ بھولوں گا، میں نہ بھولوں گا
ان رسموں کو، ان قسموں کو، ان رشتہ ناتوں کو
میں نہ بھولوں گا، میں نہ بھولوں گا
سمے کی دھارا میں، عمر بہہ جانی ہے
جو گھڑی جی لیں گے، وہی رہ جانی ہے
میں بن جاؤں سانس آخری، تو جیون بن جا
جیون سے سانسوں کا رشتہ، میں نہ بھولوں گی
برستا ساون ہو، مہکتا آنگن ہو
کبھی دل دولہا ہو، کبھی دل دلہن ہو

گگن بن کر جھومیں، پون بن کر گھومیں
چلو راہیں موڑیں، کبھی نہ سنگ چھوڑیں
کہیں پہ چھپ جانا ہے، نظر نہیں آنا ہے
کہیں پہ بس جائیں گے، یہ دن کٹ جائیں گے
ارے کیا بات چلی، وہ دیکھو رات ڈھلی
یہ باتیں چلتی رہیں، یہ راتیں ڈھلتی رہیں
میں من کو مندر کر ڈالوں، تو پوجن بن جا
مندر سے پوجا کا رشتہ میں نہ بھولوں گا

***

گانا نمبر : ۲۰

نغمہ : گیت گاتا چل او ساتھی گنگناتا چل

فلم : گیت گاتا چل (۱۹۷۵ء)

نغمہ نگار : رویندر جین

گلوکار : جسپال سنگھ

موسیقار : رویندر جین

اداکار : سچن، ساریکا

گیت گاتا چل او ساتھی گنگناتا چل
او بندھو رے ۔۔۔ ہنستے ہنساتے بیتے ہر گھڑی ہر پل
گیت گاتا چل ۔۔۔
کھلا کھلا گگن یہ ہری بھری دھرتی
جتنا بھی دیکھوں طبیعت نہیں بھرتی
سندر سے سندر ہر اک رچنا
پھول کہے کانٹوں سے بھی سیکھو ہنسنا
او راہی سیکھو ہنسنا،او راہی رے
کمہلا نہ جائے کہیں من تیرا کومل، گیت گاتا ۔۔۔
چاندی سا چمکتا یہ ندیا کا پانی رے

پانی کی ہر اک بوند دیتی زندگانی
امبر سے برسے زمین پہ گرے
نیر کے بنا ہو بھیا کام نہ چلے
او بھیا کام نہ چلے، او میگھا رے
جل جو نہ ہوتا تو یہ جگ جاتا جل، گیت گاتا ---
کہاں سے تو آیا اور کہاں تجھے جانا ہے
خوش ہے وہی جو اس بات سے بیگانا ہے
چل چل چلتی ہوائیں کریں شور
اڑتے پکھیرو کھینچے منوا کی ڈور
او کھینچے منوا کی ڈور، او پنچھی رے
پنچھیوں کے پنکھ لے کے ہو جا تو اوجھل، گیت گاتا چل

***

گانا نمبر : ۲۱

نغمہ : راہی تھا میں آوارہ

فلم : پران جائے پر وچن نہ جائے (۱۹۷۴ء)

نغمہ نگار : ایس ایچ بہاری

گلوکار : آشا بھونسلے

موسیقار : او پی نیر

اداکار : سنیل دت، ریکھا

چین سے ہم کو کبھی آپ نے جینے نہ دیا
زہر بھی چاہا اگر پینا تو پینے نہ دیا
چاند کے رتھ میں رات کی دلہن جب جب آئے گی
یاد ہماری آپ کے دل کو تڑپا جائے گی
آپ نے جو ہے دیا، وہ تو کسی نے نہ دیا
آپ کا غم جو اس دل میں دن رات اگر ہو گا
سوچ کے یہ دم گھٹتا ہے پھر کیسے گزر ہو گا
کاش نہ آتی اپنی جدائی، موت ہی آ جاتی
کوئی بہانے چین ہماری روح تو پا جاتی

ایک پل ہنسنا کبھی دل کی لگی نے نہ دیا

***

گانا نمبر : ۲۲

نغمہ : آتی رہیں گی بہاریں، جاتی رہیں گی بہاریں

فلم : قسمیں وعدے (۱۹۷۸ء)

نغمہ نگار : گلشن باوٗرا

گلوکار : لتا منگیشکر، کشور کمار، امیت کمار

موسیقار : آر ڈی برمن

اداکار : ایمتابھ بچن، راکھی، رندھیر کپور، نیتو سنگھ

آتی رہیں گی بہاریں، جاتی رہیں گی بہاریں
دل کی نظر سے دنیا کو دیکھو
دنیا سدا ہی حسیں ہے
میں نے تو بس یہی مانگی ہیں دعائیں
پھولوں کی طرح ہم سدا مسکرائیں
گاتے رہیں ہم خوشیوں کے گیت
یوں ہی جائے بیت زندگی
تم سے ہے جب جیون میں سہارے
جہاں جائیں نظریں وہی ہیں نظارے
لے کے آئے گی ہر نئی بہار

رنگ بھرا پیار اور خوشی
ہم جو ملے ہیں تو دل کو یقیں ہے
دھرتی پہ سورگ جو ہے سو یہی ہے
بھولے سے بھی غم آئے نہ وہاں
پیار ہے جہاں بندگی

***

گانا نمبر : ۲۳

نغمہ : ہے پریت جہاں کی ریت سدا، میں گیت وہاں کے گاتا ہوں

فلم : پورب اور پچھم (۱۹۷۰ء)

نغمہ نگار : اندیور

گلوکار : مہندر کپور

موسیقار : کلیان جی آنند جی

اداکار : اشوک کمار، سائرہ بانو، منوج کمار، پران

جب زیرو دیا میرے بھارت نے
دنیا کو تب گنتی آئی
تاروں کی بھاشا بھارت نے
دنیا کو پہلے سکھلائی
دیتا نہ دشملو بھارت تو
یوں چاند پے جانا مشکل تھا
دھرتی اور چاند کی دوری کا
اندازہ لگانا مشکل تھا

سبھیتا جہاں پہلے آئی
پہلے جنمی ہے جہاں پہ کلا
اپنا بھارت وہ بھارت ہے
جس کے پیچھے سنسار چلا
سنسار چلا اور آگے بڑھا
یوں آگے بڑھا، بڑھتا ہی گیا
بھگوان کرے یہ اور بڑھے
بڑھتا ہی رہے اور پھولے پھلے
ہے پریت جہاں کی ریت سدا
میں گیت وہاں کے گاتا ہوں
بھارت کا رہنے والا ہوں
بھارت کی بات سناتا ہوں
کالے گورے کا بھید نہیں
ہر دل سے ہمارا ناتا ہے
کچھ اور نہ آتا ہو ہم کو
ہمیں پیار نبھانا آتا ہے
جسے مان چکی ساری دنیا
میں بات وہی دہراتا ہوں

بھارت کا رہنے والا ہوں
بھارت کی بات سناتا ہوں
جیتے ہو کسی نے دیش تو کیا
ہم نے تو دلوں کو جیتا ہے
جہاں رام ابھی تک ہے نر میں
ناری میں ابھی تک سیتا ہے
اتنے پاون ہیں لوگ جہاں
میں نیت نیت شیش جھکاتا ہوں
بھارت کا رہنے والا ہوں
بھارت کی بات سناتا ہوں
اتنی ممتا ندیوں کو بھی
جہاں ماتا کہہ کے بلاتے ہیں
اتنا آدر انسان تو کیا
پتھر بھی پوجے جاتے ہیں
اس دھرتی پہ میں نے جنم لیا
یہ سوچ کے میں اتراتا ہوں
بھارت کا رہنے والا ہوں

بھارت کی بات سناتا ہوں

***

گانا نمبر : ۲۴

نغمہ : شرما نہ یوں، گھبرا نہ یوں

فلم : جوشیلا (۱۹۷۳ء)

نغمہ نگار : ساحر لدھیانوی

گلوکار : آشا بھونسلے

موسیقار : آر ڈی برمن

اداکار : دیو آنند، ہیما مالینی، راکھی، بندو

شرما نہ یوں، گھبرا نہ یوں
پردہ کیسے یہ رات ہے
ترانہ دھڑکن کا نہ سینہ میں دبا
نہ کوئی جانے گا یہ آپس کی بات ہے
کھویا کھویا کیوں ہے ہر خوشی ہے تیری
پھول سے جسم کی تازگی ہے تیری
یہ تحفہ گلشن کا نہ پا کے یوں گنوا
کہ اب جو بھی ہے وہ سب تیرے ہاتھ ہے
پیاسا پیاسا کیوں ہے عیش کا جام لے
میں تجھے تھام لوں تو مجھے تھام لے

بہانہ بھولپن کا بنا کے نہ ستا
کہ بڑی مشکل سے آتی یہ رات ہے

***

گانا نمبر : ۲۵

نغمہ : ہم پریمی پریم کرنا جانیں

فلم : پرورش (۱۹۷۷ء)

نغمہ نگار : مجروح سلطان پوری

گلوکار : کشور، رفیع، شیلندر

موسیقار : لکشمی کانت پیارے لال

اداکار : شمی کپور، امیتابھ بچن، ونود کھنہ، نیتو سنگھ، شبانہ اعظمی

ہم پریمی پریم کرنا جانیں
کہیں نہ دل کی بات سدا چپ رہنا جانیں
ہم پریمی پریم کرنا جانیں
پیار کے دشمن کو ہزاروں میں پہچانیں
اپنوں سے جب ٹھیس کوئی لگ جاتی ہے
ہمت اپنی اور بھی بڑھ جاتی ہے
یہ مت بھولو ایسے ہی دیوانوں کے
پیروں میں زنجیر بھی پڑ جاتی ہے
دیوانے زنجیر سے کیا ڈرنا جانیں
مجرم کو پردہ چھپا نہ پائے گا

چنگاری کے کھیل میں جل جائے گا
جلنے والا آگ بھی لگا سکتا ہے
پھر تو اس کا وار بھی ٹل جائے گا
ہم تو جس کا وار اسی پہ دھرنا جانیں
آپس میں ٹکرانا کیسا
گاؤ مل کر ساتھ میرے
میرے لیے تو ہو تم دونوں
جیسے یہ دو ہاتھ میرے
آپ کے قدموں کے جیسا
دنیا میں کہاں آرام کوئی
آپکی چھایا ہے سر پہ
تو کر جائیں گے کام کوئی
ہم متوالے پیار میں جینا مرنا جانیں

***

گانا نمبر : ۲۶

نغمہ : نہ جانے کیوں ہوتا ہے یہ زندگی کے ساتھ

فلم : چھوٹی سی بات (۱۹۷۶ء)

نغمہ نگار : یوگیش

گلوکار : لتا منگیشکر

موسیقار : سلیل چودھری

اداکار : امول پالیکر، ودیا سنہا

نہ جانے کیوں، ہوتا ہے یہ زندگی کے ساتھ
اچانک یہ من
کسی کے جانے کے بعد، کرے پھر اس کی یاد
چھوٹی چھوٹی سی بات، نہ جانے کیوں
وہ انجان پل
ڈھل گئے کل، آج وہ
رنگ بدل بدل، من کو مچل مچل
رہیں، نہ چل نہ جانے کیوں، وہ انجان پل
تیرے بنا میرے نینوں میں
ٹوٹے رے ہائے رے سپنوں کے محل

نہ جانے کیوں، ہوتا ہے یہ زندگی کے ساتھ
وہی ہے ڈگر
وہی ہے سفر، ہے نہیں
ساتھ میرے مگر، اب میرا ہمسفر
ڈھونڈے نظر نہ جانے کیوں، وہی ہے ڈگر
کہاں گئیں شامیں مدھ بھری
وہ میرے، میرے وہ دن گئے کدھر
نہ جانے کیوں، ہوتا ہے یہ زندگی کے ساتھ ۔۔۔

***

گانا نمبر : ۲۷

نغمہ : کوئی جب تمہارا ہردے توڑ دے

فلم : پورب اور پچھم (۱۹۷۰ء)

نغمہ نگار : اندیور

گلوکار : مکیش

موسیقار : کلیان جی آنند جی

اداکار : منوج کمار، سائرہ بانو

کوئی جب تمہارا ہردے توڑ دے
تڑپتا ہوا جب کوئی چھوڑ دے
تب تم میرے پاس آنا پریہ
میرا در کھلا ہے، کھلا ہی رہے گا، تمہارے لیے
ابھی تم کو میری ضرورت نہیں
بہت چاہنے والے مل جائیں گے
ابھی روپ کا ایک ساگر ہو تم
کنول جتنے چاہو گی کھل جائیں گے
درپن تمہیں جب ڈرانے لگے
جوانی بھی دامن چھڑانے لگے

تب تم میرے پاس آنا پریہ
میرا سر جھکا ہے، جھکا ہی رہے گا، تمہارے لیے
کوئی شرط ہوتی نہیں پیار میں
مگر پیار شرطوں پہ تم نے کیا
نظر میں ستارے جو چمکے ذرا
بجھانے لگی آرتی کا دیا
جب اپنی نظر میں ہی گرنے لگو
اندھیروں میں اپنے ہی گھرنے لگو
تب تم میرے پاس آنا پریہ
یہ دیپک جلا ہے، جلا ہی رہے گا تمہارے لیے

***

گانا نمبر : ۲۸

نغمہ : کئی بار یوں بھی دیکھا ہے

فلم : رجنی گندھا (۱۹۷۴ء)

نغمہ نگار : یوگیش

گلوکار : مکیش

موسیقار : سلیل چودھری

اداکار : امول پالیکر، ودیا سنہا

کئی بار یوں بھی دیکھا ہے
یہ جو من کی سیما ریکھا ہے
من توڑنے لگتا ہے
ان جانی پیاس کے پیچھے
ان جانی آس کے پیچھے
من دوڑنے لگتا ہے
راہوں میں، راہوں میں
جیون کی راہوں میں
جو کھلے ہیں پھول، پھول مسکرا کے
کون سا پھول چرا کے

رکھوں سجا میں من کے
جانوں نا، جانوں نا
الجھن یہ جانوں نا
سلجھاؤں کیسے کچھ سمجھ نہ پاؤں
کس کو میت بناؤں
کس کی پریت بھلاؤں

***

گانا نمبر : ۲۹

نغمہ : تم سامنے بیٹھے رہو

فلم : اقرار (۱۹۷۹ء)

نغمہ نگار : کلونت جانی

گلوکار : لتا منگیشکر

موسیقار : بھپی لہری

اداکار : راکیش روشن، رامیشوری

تم سامنے بیٹھے رہو
پلکیں میری جم جائیں
حسرت ہے یہ گھڑیاں
جب آئیں تو تھم جائیں
تم سے ہی محبت ہے تم پر ہی عقیدت ہے
اے جانِ تمنائی یہ بات حقیقت ہے
اب چھوٹے سے اس دل میں
یہ چھوٹی سے حسرت ہے
آئے نہ کبھی دوری، کوئی نہ ہو مجبوری
تحفہ ہے یہی میرا ، رہے مانگ یہ سندوری

میرے دل کی دعا ہے کہ ہو آس میری پوری

***

گانا نمبر : ۳۰

نغمہ : سمجھوتا غموں سے کر لو

فلم : سمجھوتا (۱۹۷۳ء)

نغمہ نگار : اندیور

گلوکار : کشور کمار

موسیقار : کلیان جی آنند جی

اداکار : انیل دھون، یوگیتا بالی، شتروگھن سنہا

سمجھوتا غموں سے کر لو
زندگی میں غم بھی ملتے ہیں
پت جھڑ آتے ہی رہتے ہیں
کہ مدھوبن پھر بھی کھلتے ہیں
رات کٹے گی، ہوں گے اجالے
پھر مت گرنا، او گرنے والے
انساں وہ خود سنبھلے، اوروں کو بھی سنبھالے
بھول سبھی سے ہوتی آئی
کون ہے جس نے نہ ٹھوکر کھائی

بھولوں سے سیکھے جو، منزل اس نے پائی

***

گانا نمبر : ۳۱

نغمہ : اے یار سن یاری تیری

فلم : سہاگ (۱۹۷۹ء)

نغمہ نگار : آنند بخشی

گلوکار : محمد رفیع، شیلندر سنگھ

موسیقار : لکشمی کانت پیارے لال

اداکار : ایتابھ بچن، ششی کپور، ریکھا، پروین بابی

اے یار سن یاری تیری مجھے زندگی سے بھی پیاری ہے
جواب ایک نہیں ہمارا کہیں، بڑی خوب جوڑی ہماری ہے
اے یار سن یاری تیری
کیا دیکھتا ہوں میں کب دیکھتا ہوں
تیری نظر سے سب دیکھتا ہوں
تیری قسم یہ ہاتھ ہیں میرے مگر
ان ہاتھوں میں طاقت تمہاری ہے
اے یار سن یاری تیری۔۔۔
دل میں لگائی ہے تصویر تیری
تیرا نصیبہ ہے تقدیر میری

تم دونوں نے جو کچھ کہا میں نے سنا
مگر اب سنو میری باری ہے
اے یار سن یاری تیری۔۔۔
ہم سے جو الجھے وہ ہوگا دیوانہ
آواز تو دے میں باندھوں نشانہ
اڑتے ہوئے پنچھی کے پر ہم کاٹ لیں
کہ میں جال ہوں تو شکاری ہے
اے یار سن یاری تیری۔۔۔
ہم ہیں جوانی کے دن رات جیسے
لگتا ہے بچپن سے ہیں ساتھ جیسے
دل یار کا جاں یار کی اپنا ہے کیا
یہ وردی بھی تو سرکاری ہے
اے یار سن یاری تیری۔۔۔

***

گانا نمبر : ۳۲

نغمہ : یہ جو محبت ہے، یہ ان کا ہے کام

فلم : کٹی پتنگ (۱۹۷۰ء)

نغمہ نگار : آنند بخشی

گلوکار : کشور کمار

موسیقار : آر ڈی برمن

اداکار : راجیش کھنہ ، آشا پاریکھ

یہ جو محبت ہے، یہ ان کا ہے کام
محبوب کا جو بس لیتے ہوئے نام
مر جائیں، مٹ جائیں، ہو جائیں بدنام
رہنے دو، چھوڑو بھی جانے دو یار
ہم نہ کریں گے پیار
ٹوٹے اگر ساغر، نیا ساغر کوئی لے لے
میرے خدا دل سے کوئی کسی کے نہ کھیلے
دل ٹوٹ جائے تو کیا ہو انجام
آنکھیں کسی سے نہ الجھ جائیں، میں ڈرتا ہوں
یارو حسینوں کی گلی سے میں گزرتا ہوں

بس دور ہی سے کر کے سلام

***

گانا نمبر : ۳۳

نغمہ : تیرے سنگ پیار میں نہیں توڑنا

فلم : ناگن (۱۹۷۶ء)

نغمہ نگار : ورما ملک

گلوکار : لتا منگیشکر، مہندر کپور

موسیقار : لکشمی کانت پیارے لال

اداکار : جیتندر، رینا رائے، سنیل دت، فیروز خان، ریکھا، ممتاز

تیرے سنگ پیار میں نہیں توڑنا
چاہے تیرے پیچھے جگ پڑے چھوڑنا
مانگ میری میں شبنم نے موتی بھریں
اور نظاروں نے مہندی لگائی
ناچے بن ہی پائلیاں چھنکنے لگیں
بن ہوا کے ہی چنری لہرائی
آج دل سے ہے دل کو جوڑنا
آنکھ بن کے تجھے دیکھتی ہی رہوں
پیار کی ایسی تصویر بن جا
تیری بانہوں کے چھاؤں سے لپٹی رہوں

میری سانسوں کی تقدیر بن جا
تیرے ساتھ وعدہ کیا نہیں توڑنا
توڑ دوں گا زمانے کے بندھن سبھی
تیری بانہوں کا بندھن نہ توڑوں
چھوڑ دے ساتھ چاہے میری زندگی
پھر بھی میں نہ تیرا ساتھ چھوڑوں
دنیا کے دیواروں کو ہے توڑنا
تیری سانسوں کی آواز بن بن کے میں
تیرے ہونٹوں کی نرمی چرا لوں
تیرے رخساروں کی ریشمی آگ سے
چاہتا ہوں میں دل کو جلا لوں
کہیں جوڑ کے یہ ناتا نہیں توڑنا

***

گانا نمبر : ۳۴

نغمہ : آج سے پہلے آج سے زیادہ

فلم : چِت چور (۱۹۷۶ء)

نغمہ نگار : رویندر جین

گلوکار : یشوداس

موسیقار : رویندر جین

اداکار : امول پالیکر، زرینہ وہاب، وجیندر

آج سے پہلے، آج سے زیادہ، خوشی آج تک نہیں ملی
اتنی سہانی، ایسی میٹھی، گھڑی آج تک نہیں ملی
اس کو سنجوگ کہیں یا قسمت کا لکھا، ہم جو اچانک ملے ہیں
من چاہے ساتھی پا کے ہم سب کے
چہرے دیکھو تو کیسے کھلے ہیں
تقدیروں کو جوڑ دے ایسی، ان تقدیروں کو جوڑ دے
ایسی کڑی آج تک نہیں ملی
سپنا ہو جائے وہ پورا جو ہم نے دیکھا، یہ میرے دل کی دعا ہے

یہ پل جو بیت رہے ہیں ان کے نشے میں، دل میرا گانے لگا
ہے
اسی خوشی کو ڈھونڈھ رہے تھے،
ہم اسی خوشی کو ڈھونڈھ رہے تھے
یہی آج تک نہیں ملی
دل میں طوفان اٹھا ہے، ہونٹوں پہ نغمہ،
آنکھوں میں آنسو خوشی کے
سپنوں کے پاس پہنچ کے، سپنوں سے دوری،
ایسا نہ ہو سنگ کسی کے
کوئی کہے نہ منزل مجھ کو، یوں کوئی کہے نہ منزل مجھ کو
ملی آج تک نہیں ملی

***

گانا نمبر : ۳۵

نغمہ : ندیا چلے، چلے رے دھارا

فلم : سفر (۱۹۷۰ء)

نغمہ نگار : اندیور

گلوکار : منا ڈے

موسیقار : کلیان جی آنند جی

اداکار : راجیش کھنہ، شرمیلا ٹیگور، فیروز خان

ندیا چلے، چلے رے دھارا
چندہ چلے، چلے رے تارا
تجھ کو چلنا ہوگا، تجھ کو چلنا ہوگا
جیون کہیں بھی ٹھہرتا نہیں ہے
آندھی سے، طوفاں سے ڈرتا نہیں ہے
تو نہ چلے گا تو چلے تیری راہیں
منزل کو ترسے گی تیری نگاہیں
تجھ کو چلنا ہوگا
پار ہوا وہ رہا جو سفر میں
جو بھی رکا، گھر گیا وہ بھنور میں

ناؤ تو کیا، بہہ جائے کنارا
بڑی ہی تیز سمے کی ہے دھارا
تجھ کو چلنا ہو گا

***

گانا نمبر : ۳۶

نغمہ : صنم تو بے وفا کے نام سے مشہور ہو جائے

فلم : کھلونا (۱۹۷۰ء)

نغمہ نگار : آنند بخشی

گلوکار : لتا منگیشکر

موسیقار : لکشمی کانت پیارے لال

اداکار : سنجیو کمار، ممتاز، شتروگھن سنہا، جیتندر

اگر دلبر کی رسوائی ہمیں منظور ہو جائے
صنم تو بے وفا کے نام سے مشہور ہو جائے
ہمیں فرصت نہیں ملتی کبھی آنسو بہانے سے
کئی غم پاس آ بیٹھے، تیرے ایک دور جانے سے
اگر تو پاس آ جائے، تو ہر غم دور ہو جائے
وفا کا واسطہ دے کر، محبت آج روتی ہے
نہ ایسے کھیل اس دل سے، یہ نازک چیز ہوتی ہے
ذرا سی ٹھیس لگ جائے تو شیشہ چور ہو جائے
تیرے رنگین ہونٹوں کو کنول کہنے سے ڈرتے ہے
تیری اس بے رخی پہ ہم غزل کہنے سے ڈرتے ہے

کہیں ایسا نہ ہو تو اور بھی مغرور ہو جائے

***

گانا نمبر : ۳۷

نغمہ : جیون بھر ڈھونڈا جس کو

فلم : نادان (۱۹۷۱ء)

نغمہ نگار : حسرت جے پوری

گلوکار : مکیش

موسیقار : شنکر جے کشن

اداکار : آشا پاریکھ، نوین نشچل

جیون بھر ڈھونڈا جس کو

وہ پیار ملا پر نہیں ملا

ساتھ نبھاتا دکھ سکھ میں

وہ یار ملا پر نہیں ملا

اس کی صورت آنکھوں میں

اس کا جلوہ دل میں ہے

مجھ کو ایسا لگتا ہے

جیسے وہ محفل میں ہے

رنگ بدلتی دنیا میں

دلدار ملا پر نہیں ملا

اس دنیا کی ریت کی خاطر
میں نے بات نبھائی ہے
یوں تو ہنستا رہتا ہوں
پر چوٹ جگر پہ کھائی ہے
چاہت کے دوراہے پر
غمخوار ملا پر نہیں ملا
ان سے شکوہ کوئی نہیں
کھیل ہے سارا قسمت کا
ایک ادھورا افسانہ ہوگا پورا الفت کا
دامن ان کا ہاتھوں کو
سو بار ملا پر نہیں ملا
جیون بھر ڈھونڈا جس کو
وہ پیار ملا پر نہیں ملا
ساتھ نبھاتا دکھ سکھ میں
وہ یار ملا پر نہیں ملا

***

گانا نمبر : ۳۸

نغمہ : یہ جیون ہے، اس جیون کا

فلم : پیا کا گھر (۱۹۷۲ء)

نغمہ نگار : آنند بخشی

گلوکار : کشور کمار

موسیقار : لکشمی کانت پیارے لال

اداکار : جیا بہادری، انیل دھون

یہ جیون ہے، اس جیون کا
یہی ہے، یہی ہے، یہی ہے رنگ روپ
تھوڑے غم ہیں، تھوڑی خوشیاں
یہی ہے، یہی ہے، یہی ہے چھاؤں دھوپ
یہ نہ سوچو اس میں اپنی
ہار ہے کہ جیت ہے
اسے اپنا لو جو بھی جیون کی ریت ہے
یہ ضد چھوڑو، یوں نہ توڑو، ہر پل اک درپن ہے
دھن سے نہ دنیا سے، گھر سے نہ دوار سے
سانسوں کی ڈور بندھی ہے پریتم کے پیار سے

دنیا چھوٹے، پر نہ ٹوٹے، یہ کیسا بندھن ہے؟
یہ جیون ہے، اس جیون کا
یہی ہے، یہی ہے، یہی ہے رنگ روپ

***

گانا نمبر : ۳۹

نغمہ : کہتا ہے جوکر سارا زمانہ

فلم : میرا نام جوکر (۱۹۷۰ء)

نغمہ نگار : شنکر جے کشن

گلوکار : مکیش

موسیقار : شنکر جے کشن

اداکار : راجکپور

کہتا ہے جوکر سارا زمانہ
آدھی حقیقت آدھا فسانہ
چشمہ اتارو، پھر دیکھو یارو
دنیا نئی ہے، چہرا پرانا
کہتا ہے جوکر ---
اپنے پہ ہنس کر جگ کو ہنسایا
بن کے تماشا میلے میں آیا
ہندو نہ مسلم ، پورب نہ پچھم
مذہب ہے اپنا ہنسنا ہنسانا
کہتا ہے جوکر ---

دھکے پہ دھکا، ریلے پہ ریلا
ہے بھیڑ اتنی، پر دل اکیلا
غم جب ستائے، سیٹی بجانا
پر مسخرے سے دل نہ لگانا
کہتا ہے جوکر ---

***

گانا نمبر : ۴۰

نغمہ : گیت گاتا ہوں میں، گنگناتا ہوں میں

فلم : لال پتھر (۱۹۷۱ء)

نغمہ نگار : دیو کوہلی

گلوکار : کشور کمار

موسیقار : شنکر جے کشن

اداکار : راجکمار، ہیما مالنی، راکھی، ونود مہرہ

گیت گاتا ہوں میں ، گنگناتا ہوں میں
میں نے ہنسنے کا وعدہ کیا تھا کبھی
اس لیے اب سدا مسکراتا ہوں میں
یہ محبت کے پل کتنے انمول ہیں
کتنے پھولوں سے نازک میرے بول ہیں
سب کو پھولوں کی مالا پہناتا ہوں میں
مسکراتا ہوں میں ---
روشنی ہوگی اتنی کسے تھی خبر
میرے من کا یہ درپن گیا ہے نکھر
صاف ہے اب یہ درپن دکھاتا ہوں میں

مسکراتا ہوں میں ---

***

گانا نمبر : ۴۱

نغمہ : سماں ہے سہانا سہانا

فلم : گھر گھر کی کہانی (۱۹۷۰ء)

نغمہ نگار : حسرت جے پوری

گلوکار : کشور کمار

موسیقار : کلیان جی آنند جی

اداکار : بلراج ساہنی، راکیش روشن، بھارتی، جلال آغا

سماں ہے سہانا سہانا، نشے میں جہاں ہے
کسی کو کسی کی خبر ہی کہاں ہے
ہر دل میں دیکھو محبت جواں ہے
کہہ رہی ہے نظر ، نظر سے افسانے
ہو رہا ہے اثر کہ جس کو دل جانے
دیکھو یہ دل کی عجب داستاں ہے
نظر بولتی ہے، دل بے زباں ہے
ہو گیا ہے ملن دلوں کا مستانہ
ہو گیا ہے کوئی کسی کا دیوانہ
جہاں دلربا ہے، دل بھی وہاں ہے

جسے پیار کہیے، وہی درمیاں ہے

***

گانا نمبر : ۴۲

نغمہ : یادوں کی بارات نکلی ہے آج

فلم : یادوں کی بارات (۱۹۷۳ء)

نغمہ نگار : مجروح سلطان پوری

گلوکار : محمد رفیع، لیا منگیشکر، کشور، پدمنی، شوانگی

موسیقار : آر ڈی برمن

اداکار : دھریندر، وجے اروڑہ، طارق، زینت امان، نیتو سنگھ

یادوں کی بارات نکلی ہے آج
دل کے دوارے، دل کے دوارے
سپنوں کی شہنائی بیتے دنوں کو پکارے
دل کے دوارے
ہو او چھیڑو ترانے ملن کے پیارے
سنگ ہمارے
بدلے نہ اپنا یہ عالم کبھی
جیون میں بچھڑیں نہ ہم کبھی
یوں بھی جاؤ گے آخر کہاں ہو کے ہمارے
یادوں کی بارات نکلی ہے ---

آگے بھی ہو گا جو اس کا کرم
یہ دن تو منائیں گے ہر سال ہم
اپنے آنگن ناچے گائیں گے چندا ستارے
یادوں کی بارات نکلی ہے آج
دل کے دوارے، دل کے دوارے

***

گانا نمبر : ۴۳

نغمہ : سکھ کے سب ساتھی، دکھ میں نہ کوئی

فلم : گوپی (۱۹۷۰ء)

نغمہ نگار : راجندر کرشن

گلوکار : محمد رفیع

موسیقار : کلیان جی آنند جی

اداکار : دلیپ کمار، سائرہ بانو، پران

سکھ کے سب ساتھی، دکھ میں نہ کوئی
میرے رام، تیرا نام ایک سانچا دوجا نہ کوئی
جیون آنی جانی چھایا، جھوٹی مایا، جھوٹی کایا
پھر کاہے کو ساری عمریاں پاپ کی گٹھری ڈھوئی
نہ کچھ تیرا، نہ کچھ میرا، یہ جگ جوگی والا پھیرا
راجہ ہو یا رنک سبھی کا انت ایک سا ہوئی
باہر کی تو ماٹی پھانکے، من کے بھیتر کیوں نہ جھانکے
اجلے تن پر مان کیا اور من کی میل نہ دھوئی

***